ESPAÑOL DE PR|

ISABEL A

CATHY KNILL

EURO EDITION

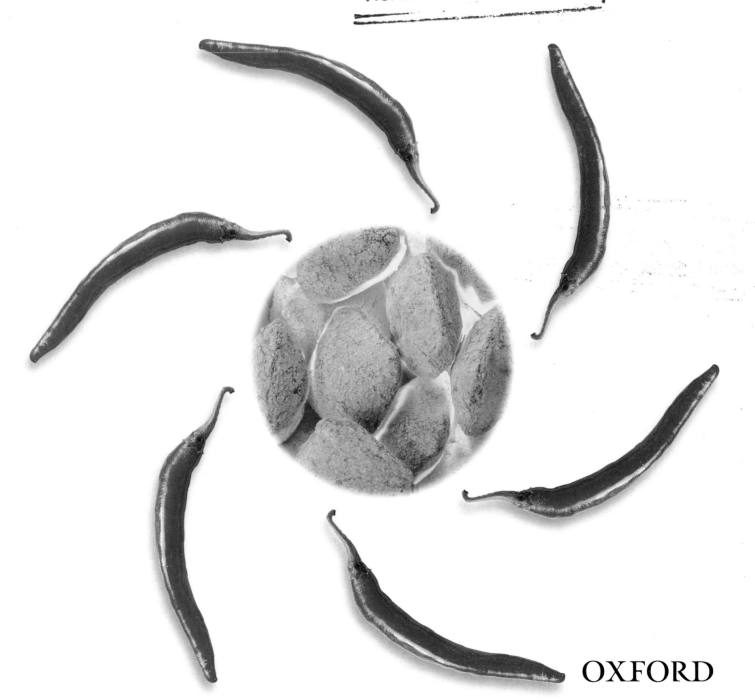

OXFORD

OXFORD
UNIVERSITY PRESS

Great Clarendon Street, Oxford OX2 6DP

Oxford University Press is a department of the University of Oxford.
It furthers the University's objective of excellence in research,
scholarship, and education by publishing worldwide in

Oxford New York

Auckland Bangkok Buenos Aires Cape Town Chennai
Dar es Salaam Delhi Hong Kong Istanbul Karachi Kolkata
Kuala Lumpur Madrid Melbourne Mexico City Mumbai Nairobi
São Paulo Shanghai Singapore Taipei Tokyo Toronto

with an associated company in Berlin

Oxford is a registered trade mark of Oxford University Press
in the UK and in certain other countries

© Oxford University Press 2000

British Library Cataloguing in Publication Data

Data available

ISBN 0 19 912393 4

10 9 8 7 6 5 4 3 2 1

Printed Mateu Cromo Artes Graficas S.A., Spain.

Acknowledgements

The publishers would like to thank the following for permission to
reproduce photographs:
Total Guitar/Future Publishing, Biblioteca Apostolica
Vaticana/VAT.LAT 3773: p 136 (right); Bridgeman Art Library: p 17
(middle right); Dick Capel Davies: p 95 (top); Corbis UK
Ltd/Archivo Iconográfico S.A: pp 12 (top middle), 17 (middle left);
Corbis UK Ltd/Austrian Archives: p 111 (top); Corbis UK
Ltd/Photo BDV: p 120 (top middle); Corbis UK Ltd/Bettmann
Archives: pp 120 (top right, bottom middle, bottom right), 185
(bottom); Corbis UK Ltd/Nathan Benn: p 94 (middle); Corbis UK
Ltd/Stephanie Colesanti: p 80 (middle right); Corbis UK
Ltd/Gianni Dagli Orti: p 145 (main); Corbis Uk Ltd/Ales Fevzer:
p 51 (bottom right); Corbis UK Ltd/Owen Franken: pp 12 (bottom
middle), 50, 68 (top left), 177; Corbis UK Ltd/Elio Ciol: p 125
(bottom); Corbis UK Ltd/Kit Houghton Photography: p 14 (bottom
right); Corbis UK Ltd/David Lees: p 68 (bottom right); Corbis UK
Ltd/Charles & Josette Lenars: p 121 (top); Corbis UK Ltd/Lawrence
Manning: p 104: Corbis UK Ltd/François de Mulder: p 17 (left);
Corbis UK Ltd/David Samuel Robbins: p 80 (bottom left); Corbis
UK Ltd/Hans Georg Roth: p 13 (bottom middle); Corbis UK
Ltd/Ted Streshinsky: p 12 (bottom right); Corbis UK Ltd/Jerôme
Prévost/Temp Sport: pp 22 (left), 48; Corbis UK Ltd/Brian
Vikander: p 61 (bottom); Corel Professional Photos: pp 13 (bottom
right), Cathy Knill p 14 (cat), 51 (top right & middle right), 67
(bottom), 76, 168 (bottom), 178; Edifice: p 121 (bottom); Mirror
Newspapers: p 22 (right); Nokia Mobile Phones: p 175; Popperfoto:
p 120 (top & bottom left); Rex Features/EFE/Sipa Press: p 23; Rex
Features: p 139; Rex Features/Sipa Press: p 185 (top); Rex
Features/de Keerle/Sipa Press: p 17 (right); David Simson: pp 12
(top left, top right), 13 (top middle & top right)), 42 (top left, top
right, middle bottom), p 47, 61 (top, middle & bottom left), 69
(main picture), 83 (top & bottom right), bottom middle left,
bottom middle right, bottom right), 91 (left), 142 (except top
middle right & bottom right), 143 (left), 169 (bottom left); Spanish
Tourist Board: pp 13 (bottom left), p 94 (top), 143 right); Isabel de
Sudea: pp 14 (portraits), 16, 18, 36 (left), 54 (family tree), 58, 59, 61
(bottom right), 66, 67 (top, middle left & middle right), 68 (top
right, bottom middle & middle left), 80 (top middle left, top right,
bottom right), 87 (bottom left, top left & right), 96, 100 (top &
bottom left, bottom right), 103, 106 (bottom), 107, 124 (except
bottom middle & bottom right), 125 (top left & right), 127 (bottom
left & bottom right), 134, 144 (right), 145 (inset), 147, 154, 155, 169
(bottom right), 171, 176, 182 (right). All other photographs are by
Martin Sookias. With thanks to Wheatley Park School, Holton,
Oxon.

The illustrations are by Martin Aston, Kessia Beverley-Smith, Clive
Goodyer, Hardlines, Tim Kahane, Bill Ledger and Ohn
Mar Win.

The publisher and authors would like to thank Karen Turner
(Institute of Education, University of London) for commenting on
the manuscript; headteacher Alberto García Imbert, English
teacher Mariela Elorza and her students at the Instituto Julio Caro
Baroja, in Getxo Bizkaia, particularly María Serra, Amaya Esteban,
Xiker Arteche, Javier Hernandez, Eider Pintado, Eider Martinez
and Mikel Aguirre for their contribution as models for location
photographs, and Mrs A. Derby and students at Highfields School,
Wolverhampton and the pupils of Whitefield School, Barnet,
London for trialling the material.

The authors wish to express their gratitude to the editor, Naomi
Laredo, and to Belén Fernandez and Vivienne Richardson for
checking the proofs. Also, in Bilbao, to Mirén Elorza, Aitor Basauri
and his parents Pacho and Maité; Marta de Astorgui and the
Bilbao Tourist Information Office. In Guatemala to head teacher
Martita de Maristany of the Colegio Decroly Americano and the
family Alvarez Marchena. Also to Virginia and Carlos Guerra and
family, the national tourist office INGUAT and the kind people of
Guatemala who lent their support to the project. We also wish to
thank the Consulates of Guatemala and Spain in London. Finally,
we are grateful to Alex Knill, Paco Sudea and sons for support and
encouragement.

Every effort has been made to contact copyright holders of
material reproduced in this book. Any omissions will be rectified
in subsequent printings if notice is given to the publisher.

Bienvenido

Welcome to *Español de primero*! This course is set in the town of Bilbao, in northern Spain, and in the Central American country of Guatemala.

In Bilbao you will meet Belén, Roberto, Arantxa, Josu and Mirén.

In Guatemala you will meet Carlos Guillermo, Gabriel Alfonso, Amira Lucía and their family.

As you work through *Español de primero* you will ...

◆ find out about life in Spain and Guatemala
◆ learn to understand people when they speak Spanish
◆ start speaking Spanish yourself
◆ learn how to read and write in Spanish.

Have fun!

Symbols and headings used in this book

🔲 listen to the cassette with this activity

Ⓓ🔲 use your dictionary for this activity

💻 a computer could help you with this activity

ADELANTE ⟹

something extra to do if you finish early

⊕RIÉNTATE ⟹ p.186

an explanation of how Spanish works
p.186 refer to this page in the grammar section at the back of the book

•• **Frases claves** •••••••••••••••

useful expressions to learn

■■ **¿Te ayudo?** ■■■■■■■■■■■■■■■■

expressions to help you with an activity

OJO

words and forms to look out for

¡SE PRONUNCIA ASÍ!

pronunciation practice

MAÑAS · **MAÑAS** · MAÑAS

tips to help you learn more effectively

A TI TE TOCA

it's your turn: speak or write about yourself

¿LO SABES?

information about life in Spain or Guatemala

games and activities at the end of each paso

INVESTIGACIÓN

project work

⟹ **C88** workbook page reference

Indice de materias

El abecedario hispanoamericano

G gaucho
Gaudí

H huipil
habitación

I inca
Isabel la Católica

K kilo
Khalo

L loro
Lorca

J jade
Jiménez

F frontón
flamenco

E Expo 92
euskera

D Dalí
domingo

CH chocolate con
churros

C Colón
Cortés

B Balenciaga
Bolívar

A aceite de oliva
azteca

GUATEMALA

- Puente ecológico entre las dos Américas, extendiéndose del océano Pacífico al mar Caribe
- 108.899 km²
- 10 millones de habitantes
- República democrática
- Idiomas oficiales: español y otros 21 idiomas (quiché, cachikel, ...)

EEUU

Océano Atlántico

MEJICO

Habana

CUBA

HAITI

REPUBLICA DOMINICANA

San Juan

PUERTO RICO

norte

oeste   este

sur

Méjico

Santo Domingo

BELICE

HONDURAS

GUATEMALA

Guatemala

Tegucigalpa

San Salvador

NICARAGUA

San Andrés

EL SALVADOR

Managua

San José

Lago de Maracaibo

Río Orinoco

COSTA RICA

PANAMA

Caracas

VENEZUELA

GUAYANA

SURINAM

GUAYANA FRANCESA

Bogotá

Islas Galápagos

COLOMBIA

ECUADOR

Quito

Río Amazonas

Los Andes

BRASIL

PERU

Lima

Lago de Titicaca

Cuzco

La Paz

Brasilia

BOLIVIA

Océano Pacífico

CHILE

Los Andes

PARAGUAY

Asunción

Río de Janeiro

ARGENTINA

Arquipiélago de Juan Fernández

△ Aconcagua

URUGUAY

Santiago

Buenos Aires

Montevideo

Río de la Plata

Estrecho de Magellanes

Las Malvinas

Tierra del Fuego

Cabo de Horno

LL llama
llanos

M Moctezuma
mantilla

N naranjas
Navidad

P Picos de Europa
patata

O Orinoco
Ordóñez

Ñ ñato
ñandú

Q quetzal
Quijote

R Reyes Magos
Rivera

BILBAO

[photo]

◆ Puerto fluvial a 19 m sobre el nivel del mar
◆ Situado en la Comunidad Autónoma del País Vasco
◆ 358.335 habitantes
◆ Idiomas oficiales: castellano, euskera

S Semana Santa
salsa

T turrón
toro

U Unamuno
uvas

V vino
vicuña

W wapití
wamba

X xoconostle
Xipe Totec

Santander
La Coruña Oviedo Cantabria Bilbao
Galicia Asturias País Vitoria Pamplona
Vigo Vasco Navarra
Burgos La Rioja Logroño
Zaragoza Cataluña
Castilla-León Aragón Barcelona
Salamanca
MADRID Menorca
Madrid Mallorca
Cáceres Comunidad Palma
Extremadura Toledo Valenciana Ibiza
Castilla La Mancha Valencia Islas Baleares
Alicante Formentera
Córdoba Murcia
Sevilla Andalucía
Granada
Cádiz Málaga
Gibraltar

Islas Canarias
La Palma Tenerife Lanzarote
La Gomera Las Palmas
El Hierro Gran Canaria Fuerteventura

Y yuca
yemas

Z Zapata
Zorro

Adivina .... *Guess*

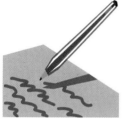

Anota .... *Note down*
Añade .... *Add*
Aprende .... *Learn*
Apunta .... *Take notes*

Busca las palabras
en tu diccionario .... *Look the words up in your dictionary*

Canta .... *Sing*
Compara .... *Compare*
Completa .... *Complete*
Contesta .... *Answer*
Contrarreloj .... *Against the clock*
Copia .... *Copy*
Corrige .... *Correct*
¡Cuidado! .... *Take care!*

Da .... *Give*
Deletrea .... *Spell out*
Describe .... *Describe*

Di .... *Say*
Diseña .... *Design*

Dibuja .... *Draw*
Discute .... *Discuss*

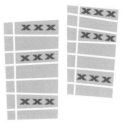

Empareja .... *Match up*
Escoge .... *Choose*

Me llamo

Escribe .... *Write*

Escucha .... Listen
Explica .... Explain

Habla .... Speak
Haz una lista .... Make a list

Identifica .... Identify
Imagina .... Imagine
Indica .... Indicate
Inventa .... Invent
Investiga .... Research

Lee .... Read

Haz la mímica .... Mime
Mira .... Look

Organiza .... Organize

Pon .... Put
Practica .... Practise
Pregunta y contesta .... Ask and answer
Prepara .... Prepare
Presenta .... Present

Rellena los huecos/la ficha .... Fill in the blanks/ the form
Repite .... Repeat

Señala .... Point to
Subraya .... Underline

Trabaja .... Work

Usa .... Use

Verifica .... Check

A ti te toca .... It's your turn
Por turnos con tu compañero/a .... Take turns with your partner

¿Verdad o mentira? .... True or false?

Vamos a pasar lista .... We're going to take the register

¿Ausente o presente? .... Absent or present?

¿Qué página es? .... What page is it?
¿Qué número es? .... What number is it?
¿Cómo se dice? .... How do you say that?

No entiendo .... I don't understand
No lo sé .... I don't know

¿Puedo ir al baño? .... Can I go to the toilet?

Por favor .... Please
Gracias .... Thanks

Suma .... $+$
Resta .... $-$
Divide .... $\div$
Multiplica .... $\times$

Sobresaliente .... ✓✓✓✓
Notable .... ✓✓✓
Bien .... ✓✓
Suficiente .... ✓
Insuficiente .... ✗
Muy deficiente .... ✗✗✗

¡Hola! ¿Qué tal?

You will learn how to …
✓ say hello and goodbye: ¡Hola! ¿Qué tal? Adiós.
✓ ask people their name: ¿Cómo te llamas?
✓ tell people your name: Me llamo Belén.
✓ ask and say someone else's name: ¿Cómo se llama? Se llama Roberto.
✓ spell in Spanish.

1a Escucha y lee.

b Escucha y repite.

Belén: ¡Hola! ¿Qué tal?
Roberto: ¡Hola! ¿Cómo te llamas?
Belén: Me llamo Belén. ¿Y tú, cómo te llamas?
Roberto: Me llamo Roberto.
Belén: Adiós.
Roberto: Adiós.

C A ti te toca. Haz un diálogo parecido con tu compañero/a.

(Tú) (Tu compañero/a)

2 Ahora imagina los diálogos de estas personas.

Joaquín Inés

Jesús Alba

Nieves Dolores

Fabián Vicente

ADELANTE ➡

Escribe dos de los diálogos.

3a 🔘 Lee y escucha.

> *Y ella se llama Arantxa.*

> *¿Y él, cómo se llama?*

> *Se llama Josu.*

b Por turnos con tu compañero/a señala a una persona y pregunta.

> *¿Cómo se llama?*

> *Se llama ...*

4 Copia y completa.

> *¡Hola! ¿Cómo t. llama.?*

> *M. llam. Bebé Cocoloco.*

> *Y y. .e llamo Javi Cocoloco.*

> *Y .ll. s. llam. Abuelita Cocoloco.*

> *Adiós.*

5a 🔘 ¡Se pronuncia así! Escucha y repite el alfabeto.

a b c ch*   d e f g   h i j k

l ll* m n   ñ   o p q r

w x y z   s t u v

b 🔘 Escucha y deletrea los nombres.
***Ejemplo:** R-o-b-e-r-t-o*

c Escoge tres nombres de la lista de abajo. Deletréalos. Tu compañero/a dice los nombres.

Felipe de Borbón	Arantxa Sánchez
Conchita Martínez	Atahualpa
Carlos Saura	Moctezuma
Marcelo Ríos	Severiano Ballesteros
Plácido Domingo	Gabriela Sabatini

⊕RIÉNTATE

p.194

Los verbos en -AR

llamAR

(yo)	me llam**o**
(tú)	te llam**as**
(él/ella)	se llam**a**

6 Busca ejemplos de estas formas del verbo en los textos. ¿Cuántos ejemplos hay de cada una?

¡Feliz cumpleaños!

You will learn how to ...

✓ count up to 31

✓ ask people their and someone else's age: *¿Cuántos años tienes? ¿Cuántos años tiene Roberto?*

✓ say how old you are and someone else is: *Tengo doce años. Roberto tiene trece años.*

✓ ask people when their and someone else's birthday is: *¿Cuándo cumples años?*
   ¿Cuándo cumple años Roberto?

✓ say when your and someone else's birthday is: *Cumplo años el dos de mayo.*
   Belén cumple años el seis de diciembre.

1a 🔊 Escucha y lee.

Roberto: ¿Cuántos años tienes, Belén?
Belén: Tengo trece años. ¿Y tú, cuántos tienes?
Roberto: Yo también tengo trece.

Belén: ¿Mirén, cuántos años tiene Arantxa?
Mirén: Tiene catorce años.
Belén: ¿Y Josu, cuántos tiene?
Mirén: También tiene catorce años.

b Practica los diálogos. Por turnos con tu compañero/a toma los papeles de Roberto, Belén y Mirén.

2a 🔊 Escucha y repite los meses del año.

b 🔊 Escucha y repite las fechas.

A contar 🔊

1 uno	11 once
2 dos	12 doce
3 tres	13 trece
4 cuatro	14 catorce
5 cinco	15 quince
6 seis	16 dieciséis
7 siete	17 diecisiete
8 ocho	18 dieciocho
9 nueve	19 diecinueve
10 diez	20 veinte

■ ■ **¿Te ayudo?** ■ ■ ■ ■

(yo) tengo
(tú) tienes
(él) tiene
(ella) tiene

El día de los Reyes

el 6 de enero

Santa Agata

el 5 de febrero

Las fallas de Valencia

el 19 de marzo

San Fermines

del 6 al 14 de julio

Elche

el 14 y 15 de agosto

Valdepeñas

del 1 al 8 de septiembre

3a Cuándo es tu cumpleaños? Di y escribe la fecha.

b 🔊 Escucha y lee.

Roberto: ¿Tú, cuándo cumples años, Belén?
Belén: Cumplo el seis de diciembre, el día de San Nicolás.
Roberto: ¿Y Mirén, cuándo cumple años?
Belén: Cumple el uno de enero.
Roberto: ¿Y Arantxa?
Belén: Ella cumple años el treinta y uno de diciembre.

c Por turnos con tu compañero/a toma el papel de Roberto o Belén y practica el diálogo.

d A ti te toca. Por turnos con tu compañero/a pregunta y contesta.

Persona A: ¿Tú, cuándo cumples años?
Persona B: Cumplo el ... de ...

e Por turnos con tu compañero/a pregunta y contesta.

A: ¿Cuándo cumple años (Belén)?
B: Cumple el ... de ...

14 años

Cumpleaños feliz

te deseamos a ti ...

Roberto

A contar 🔊

21 veintiuno
22 veintidós
23 veintitrés
24 veinticuatro
25 veinticinco
26 veintiséis
27 veintisiete
28 veintiocho
29 veintinueve
30 treinta
31 treinta y uno

OJO

1 uno ➔ Pepe tiene **un** año.
21 veintiuno ➔ Ana tiene veinti**ún** años.

⊕RIÉNTATE
p.194

Los verbos en -IR

	cumplIR
(yo)	cumpl**o**
(tú)	cumpl**es**
(él/ella)	cumpl**e**

4a Compara cómo terminan estas formas con el verbo *llamAR* (p.11).

b Busca ejemplos en el texto de la actividad **3b**.

Cervantes/El día del libro	San Isidro	San Juan
el 23 de abril	del 8 al 15 de mayo	el 24 de junio

El día de la Hispanidad	Todos los Santos	Los Santos Inocentes
el 12 de octubre	el 1 de noviembre	el 28 de diciembre

C8

Hermanos y animales

You will learn how to ...

✓ ask people about their brothers and sisters: *¿Tienes hermanos?*

✓ talk about your brothers and sisters: *Tengo un hermano y una hermana. No tengo hermanos. Soy hijo único.*

✓ ask people about their pets: *¿Tienes animales en casa?*

✓ say whether you have pets and describe them: *No, no tengo animales. Sí, tengo un gato. Es blanco y negro.*

1a 📼 Lee y escucha.

¡Hola!

Me llamo Carlos Guillermo Alvarez. Tengo un hermano, Gabriel Alfonso. Tiene quince años. Tengo una hermana pequeña. Ella se llama Amira Lucía y tiene tres años. ¿Tú tienes hermanos?

Tengo una gata, se llama Chavelita. Es blanca y negra y es adorable. ¿Tienes un gato o una gata en casa? ¿Cómo es? ¿Cómo se llama?

⚥RIÉNTATE

● ➤ **p.186**

un/una/unos/unas

	masculino	femenino
singular	**un** hermano	**una** hermana
plural	**unos** hermanos	**unas** hermanas

2a Lee los textos de **1a** y **1b** otra vez y busca otros ejemplos de *un, una, unos* y *unas*.

b Escribe la forma correcta delante de estas palabras:

gato	gata	pájaros	tortugas

b 📼 Lee y escucha.

¡Hola!

Me llamo Camilo y soy hijo único. No tengo hermanos. ¿Tú eres hijo único o tienes hermanos? ¿Cuántos hermanos tienes?

Mi cumpleaños es el veintidós de julio y cumplo catorce años. En casa tengo unos pájaros y unas tortugas. Tengo un pájaro verde y dos rojos. ¿Tienes animales en casa?

3 📼 Escucha y di si las frases son correctas.

1 Se llama Gonzalo.
2 Tiene dos hermanos.
3 No tiene hermanas.
4 Tiene quince años.
5 Tiene cuatro caballos.

⬡ADELANTE⬡➤

Corrige las frases incorrectas.

4  Empareja la palabra correcta con el animal.
Ejemplo: A – un hámster

5a ¿Cuántos hermanos y hermanas tiene cada persona? Escucha, copia y rellena las casillas.

b Escucha otra vez. Anota los animales. ¿Quién no tiene ningún animal?
Ejemplo:

un perro	un pececito	un loro	un ratón	una gata
un hámster	un caballo	un conejo	una tortuga	una culebra

Nombre	Hermanos	Hermanas	Animales
Elena	2	0	un perro

ÓRIÉNTATE
.... ➤ **p.186**

Los adjetivos

negro/a   blanco/a   rojo/a   amarillo/a   verde

	masculino	femenino
singular	**un** perro neg**ro**	**una** gata neg**ra**
	un loro verd**e**	**una** culebra verd**e**
plural	**unos** pájaros amarill**os**	**unas** tortugas amarill**as**
	unos loros verd**es**	**unas** culebras verd**es**

6a Busca los adjetivos en los textos y anótalos.
Ejemplo: una hermana <u>pequeña</u>

b Decide cuál es la regla gramatical. Explica a tu compañero/a por qué es así.

7 Describe tres animales de la actividad **4**.
Ejemplo: A – Es un hámster blanco.

8a Pregunta a tus compañeros/as: ¿Tienes animales en casa?

Anota el resultado de forma gráfica.

b A ti te toca. Contesta a las preguntas de Carlos y Camilo.
*Ejemplo: No tengo hermanos./Tengo ...
No tengo animales./Tengo ...*

Escribe una carta parecida y haz preguntas.

■■ **¿Te ayudo?** ■■■■■■■■■■■■■■■■■■

(yo)	soy	
(tú)	eres	hijo único/hija única
(él/ella)	es	

¿Cómo eres?

1

You will learn how to …

✓ describe your and other people's looks: *Soy moreno. Isabel es rubia.*

✓ ask people what they and others look like: *¿Cómo eres? ¿Es joven o viejo?*

✓ describe your and other people's hair and eyes: *Tengo el pelo largo. Carlos tiene los ojos grises.*

1a 🔊 Escucha y toca la parte de la cara indicada.

b Por turnos con tu compañero/a señala una parte de la cara.
Tu compañero/a dice cómo se llama en español.

◈RIÉNTATE

●●●●●●●●●●●●●●●●●●●●●●●●●●● ➤ **p.186**

el/la/los/las

	masculino	femenino
singular	**el** pelo	**la** boca
plural	**los** ojos	**las** orejas

2 Haz cuatro listas de las partes de la cara.

singular		plural	
masculino	femenino	masculino	femenino

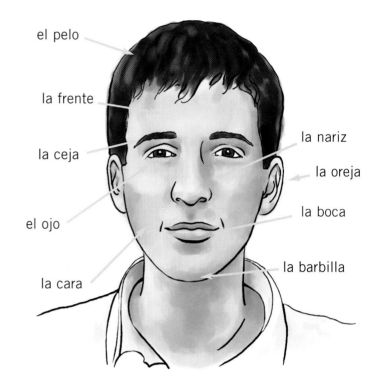

el pelo
la frente
la ceja
el ojo
la cara
la nariz
la oreja
la boca
la barbilla

3a 🔊 Lee y escucha.

¡Soy yo!

Soy moreno.
Tengo el pelo
castaño y corto,
y es feo. Tengo
los ojos negros.
Mira la foto de
Amira Lucía y Gabriel
Alfonso. Ella es rubia. Tiene
el pelo liso. Tiene los ojos
grandes y azules. Es guapa.

b Describe a Gabriel Alfonso.

•• Frases claves •••••••••••••••••••••••••••

 largo   corto   liso

 rizado   al rape   ondulado

 rubio   moreno   castaño

 verdes   azules   grises

 negros   marrones

Mirén Josu Arantxa Belén Roberto

4a  Escucha. ¿Quién habla?

b Por turnos con tu compañero/a escoge a una persona. Tu compañero/a adivina quién eres.

A: ¿Cómo eres?
B: Tengo el pelo … y los ojos …
A: ¿Eres joven o viejo/a?
B: Soy …
A: ¡Eres …!

Es joven

Es viejo

Isabel la Católica

Fidel Castro

El Rey Felipe II

La Reina Sofía

¡Cuidado con los acentos!

5a  Escucha la descripción. ¿Quién es?

b Por turnos con tu compañero/a describe a estas personas.

A: ¿Isabel la Católica, cómo es?
B: Es joven y guapa. Tiene el pelo rubio largo y ondulado. Tiene los ojos …

ADELANTE

Escribe la descripción de una foto.

✛RIÉNTATE •••••••••••••••••••• ➤ p.188

Los plurales

*vocal + **s***
un herman**o** pequeñ**o** unos herman**os** pequeñ**os**
una herman**a** guapa unas herman**as** guap**as**
el oj**o** verde los oj**os** verd**es**

*consonante + **es***
un rat**ón** gris unos rat**ones** gris**es**
una persona joven unas personas jóv**enes**

6 Escoge la forma correcta.
1 Roberto tiene una cara (guapo/guapa).
2 Arantxa tiene el pelo (largos/largo).
3 Belén es (morena/moreno).
4 La Reina Sofía tiene los ojos (azul/azules).
5 Amira Lucía es (joven/jóvenes).

7 A ti te toca. ¿Cómo eres?
Escribe una descripción.

ADELANTE

1a Empareja cada pregunta con una respuesta adecuada.

b 🔊 Escucha y verifica.

c Por turnos con tu compañero/a pregunta y contesta.

A ¿Cómo te llamas?

B ¿Cuántos años tienes?

C ¿Cómo se llama?

D ¿Cuándo cumples años?

E ¿Cuándo cumple José?

F ¿Quién es?

G ¿Cómo eres?

H ¿Tienes hermanas?

I ¿Cuántos hermanos tiene Belén?

J ¿Tienes animales en casa?

1 No, no tengo hermanas.

2 Es mi hermano Roberto.

3 Tengo un perro negro en casa.

4 Me llamo Julián, ¿y tú?

5 Belén tiene tres hermanos.

6 Tengo catorce años.

7 Ella se llama María.

8 José cumple años el dos de mayo.

9 Tengo el pelo castaño corto y los ojos marrones.

10 Cumplo años en julio.

2a 🔊 Escucha e identifica a la persona que habla.

b Escucha otra vez y empareja a cada persona con una ficha personal.

c Escribe una descripción de la otra persona.

d Escribe tu propia ficha personal.

A

B

C

D

Nombre:	Javier Ruiz	Carmen Solana	Rafael Gutiérrez	Martina Díaz
Edad:	15 años	14 años	13 años	15 años
Pelo:	rubio	moreno	rubio	moreno
Cumpleaños:	12/06	21/03	31/01	9/11
Hermanos:	1	3	0	2
Hermanas:	0	1	3	2
Animales:	un perro	un gato	una culebra	unos pececitos

Ingeniería genética o un cuento de hadas

Hace más de 40 millones de años, dos animales, el camello y la llama, viven juntos en las montañas rocosas de los EEUU.

La llama viaja al sur y habita el altiplano en el Perú. El camello emigra por el estrecho de Bering hacia Asia y Africa y habita el desierto. Un buen día, un científico decide cruzar el camello con la llama. Resultado: un animal llamado ¡CAMA!

Ahora hay un superanimal que combina las mejores cualidades de cada uno: la resistencia al calor y a la falta de agua del camello y la docilidad, la apreciada lana y la resistencia al frío y a la montaña de la llama.

3a 🅳🔲 Lee el artículo.

b ¿Cuántos animales menciona el texto? Rellena una ficha personal para cada uno.

Nombre: _____
Hábitat: _____
Cualidades: _____
_____
_____

4a Lee la descripción de un animal curioso. ¿Cuál de los tres animales describe?

Tiene las orejas largas y los ojos grandes. Tiene la boca de un conejo pero el cuerpo y la cola de un pececito.

b 🅳🔲 ¿Qué significan estas palabras? Búscalas en tu diccionario.

la cola   el cuerpo   las patas

c Escribe unas frases sobre los otros dos animales.

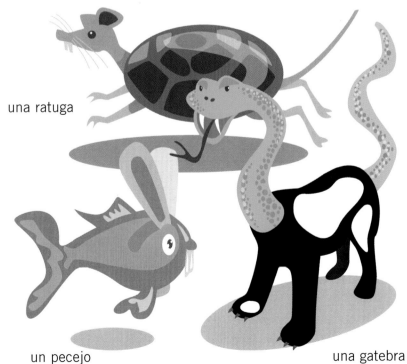

una ratuga

un pecejo

una gatebra

En mi casa tengo una culebra
Es una culebra amarilla
En mi casa tengo una culebra
Que se llama Juan Padilla.

Mi culebra, mi culebra
Es muy larga y amarilla.
Mi culebra, mi culebra
Come chocolate y vanilla.

En mi casa tengo un caballo
Es un caballo blanco y negro
En mi casa tengo un caballo
Que se llama Enrique Pedro.

Mi caballo, mi caballo
Tiene pelo muy rizado
Mi caballo, mi caballo
Cumple años el dos de mayo.

1 🔊 Escucha la canción y busca un dibujo para cada estrofa.
Ejemplo: *1 C*

2 Inventa otras estrofas.
Ejemplo: *ratón – ratones*
marrón – marrones

¡SE PRONUNCIA ASÍ!

La consonante LL

🔊 Escucha y repite.

Me llamo la llama amarilla de los llanos.

MAÑAS · MAÑAS · MAÑAS

¿Qué tal tu memoria?

Aprende a memorizar, palabra por palabra.

1   llanos

2   de los llanos

3   amarilla de los llanos

4   la llama amarilla de los llanos

5   Me llamo la llama amarilla de los llanos.

A TI TE TOCA

Por turnos con tu compañero/a pregunta y contesta.

¿Cómo te llamas?	Me llamo ...
¿Tienes hermanos y hermanas?	Sí, tengo .../No, soy ...
¿Cómo se llama tu hermano/a?	Se llama ...
¿Cuántos años tienes?	Tengo ... años.
¿Cuántos años tiene tu hermano/a?	Tiene ... años.
¿Cuándo cumples años?	Cumplo el ... de ...
¿Cuándo cumple años tu hermano/a?	Cumple el ... de ...
¿Cómo eres?	Soy ...
	Tengo el pelo ... y los ojos ...
¿Cómo es tu hermano/a?	Es ...
	Tiene el pelo ... y los ojos ...
¿Tienes animales en casa?	Sí, tengo .../No, no tengo animales.
¿Cómo es?	Es ... y ...

C12

Xsakiric! ¡Saludos!

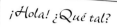

¡Hola! ¿Qué tal?

Me llamo Quetzal. Soy un pájaro, símbolo nacional de Guatemala. Soy pequeño y bonito. Mido diez centímetros nada más. Tengo plumas de muchos colores – rojas, verdes, azules, blancas – y una cola muy larga.

A

Escribe unas frases sobre tu animal preferido.

Ejemplo: Mi animal preferido es un/una ...

Tiene ... y ...

Es ... y ...

C

Los dos Marcelos – Salas y Ríos

¡Saludos de Chile!

Marcelo tiene el pelo largo, moreno y liso atado en una cola de caballo. Tiene los ojos grandes y negros. Tiene una cara guapa: la nariz larga y la boca bonita, con bigote y barba.

Marcelo tiene el pelo más corto pero es moreno también. Tiene cara de indio ...

¿Cuál es cuál?

B

ENCUESTA

◆ Decide las categorías y escribe las preguntas.

Ojos: grandes/pequeños – verdes/azules/marrones/negros/otro color

Pelo: largo/corto – rizado/liso/ondulado/al rape – castaño/rubio/moreno/otro color

Ejemplo:

¿Tienes los ojos verdes?

¿Tienes el pelo rizado?

◆ Presenta tu investigación de forma gráfica.

¿LO SABES?

En mi colegio/clase ...

◆ el **40%** tiene los ojos marrones, el **20%** tiene los ojos verdes, el **20%** también tiene los ojos azules, el **15%** tiene los ojos negros y el **5%** tiene los ojos grises.

◆ el **55%** tiene el pelo corto y el **45%** tiene el pelo largo.

Ongi etorri! ¡Bienvenidos!

Ficha personal

Nombre:	Iñaki
Apellido:	Urdangarín
Cumpleaños:	el quince de enero
Ojos:	marrones
Pelo:	corto, rizado, castaño
Hermanos:	uno = Mikel
Hermanas:	cinco = Ana, Cristina, Clara, Laura y Lucía
Animales:	un perro
Estado civil:	casado (con la Infanta Cristina)

¡Hola guapo/a!
¿Cuántos años cumples hoy?

D

ENTREVISTA

Prepara las preguntas.

Nombre:	¿Cómo te llamas?
Apellido:	
Cumpleaños:	
Edad:	
Ojos:	
Pelo:	
Hermanos/as:	
Animales:	

E

Haz una tarjeta de cumpleaños parecida.

F **A jugar: Cartas de caras**

¿Tienes una oreja, por favor?

Reglas

1 Cada estudiante dibuja siete cartas:

- un par de orejas
- un par de ojos
- una nariz
- una boca
- un estilo de pelo

2 Jugad en grupos de cuatro.

3 Poned todas las cartas en la mesa.

4 Cada estudiante necesita una cara en blanco y siete cartas para comenzar.

Sí, tengo una oreja./Lo siento, no tengo.

Gracias.

De nada.

¿Qué tienes en tu mochila?

Colegios e institutos

You will learn how to …

✓ ask someone what they have in their school bag and pencil case:
   ¿Qué tienes en tu mochila/estuche?

✓ say what you have/haven't got in your bag: *Tengo un libro. No tengo tijeras.*

✓ ask and say what someone else has/hasn't got in their bag:
   ¿Qué tiene Roberto en su mochila? Tiene dos bolígrafos. No tiene calculadora.

✓ ask and say what items there are and how many: *¿Qué hay en el estuche?*
   ¿Cuántas sillas hay? Hay treinta sillas.

✓ count up to 100

1a 🔊 Escucha y repite.

b 🔊 Escucha otra vez y señala los objetos.

ojo

singular	plural
un lápi**z**	unos lápi**ces**

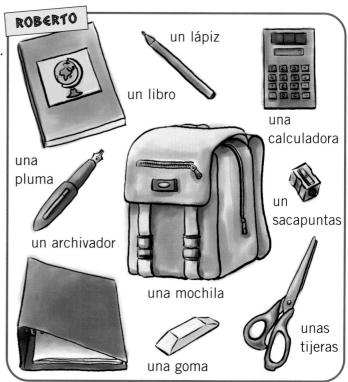

ROBERTO

un lápiz

un libro

una calculadora

una pluma

un sacapuntas

un archivador

una mochila

una goma

unas tijeras

ARANTXA

un bolígrafo

un cuaderno

un libro

pegamento

un estuche

una regla

un diccionario

unos rotuladores

una mochila

MAÑAS · **MAÑAS** · MAÑAS

Para aprender vocabulario, haz dos listas.
Indica si la palabra es masculina (*un*) o
femenina (*una*)

un archivador
un bolígrafo
una calculadora

2 Haz listas así con las palabras de arriba.

3a Mira los dibujos y escucha el diálogo.

Arantxa: ¿Qué tienes en tu mochila?
Roberto: En mi mochila tengo un libro, un lápiz, un sacapuntas ...
Arantxa: ¿Tienes un bolígrafo?
Roberto: No, no tengo bolígrafo.
Arantxa: ¿Tienes unas tijeras?
Roberto: Sí, tengo unas tijeras.

b Lee el diálogo y practícalo con tu compañero/a.

c Por turnos con tu compañero/a pregunta y contesta.

¿Qué tiene Arantxa en su mochila?

Tiene ...

¿Tiene ...?

Sí, tiene .../ No, no tiene ...

 ORIÉNTATE ••••••••••••••➤ **p.188**

Los adjetivos posesivos

mi
tu   mochila
su

4 Busca las palabras *mi, tu, su* en los textos de la actividad **3**. ¿Qué significan?

5a A ti te toca. Por turnos con tu compañero/a pregunta y contesta.

¿Qué tienes en tu mochila/tu estuche?
¿Tienes unas tijeras?
¿Cuántos lápices hay?

OJO ■■■■■■■■■■■■■■■■■■■■■

masculino   *femenino*
¿Cuán**tos** lápices hay? ¿Cuán**tas** plumas hay?

b Escribe.
Ejemplo:

En la mochila de Sara hay unos libros, tres cuadernos y un estuche. Tiene cuatro lápices y unas tijeras. No tiene pegamento.

6a *¿Cuántos* o *cuántas*? Por turnos con tu compañero/a pregunta y contesta.

A: ¿Cuántas sillas hay en la clase?
B: Hay treinta y ocho.

sillas en la clase   profesores en el colegio

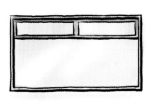   

ventanas en la clase   manos en la clase

b Inventa más ejemplos.

•• **Frases claves** ••

40 cuarenta
50 cincuenta
60 sesenta
70 setenta
80 ochenta
90 noventa
100 cien

➡ **C13**

¿Me prestas tu diccionario?

You will learn how to …

✓ use Spanish in the classroom: *¿Cómo se dice 'cat' en español? ¿Qué quiere decir 'gato'?*

✓ ask your friend if you can borrow something: *¿Me prestas tu lápiz?*

✓ offer to lend your friend something: *¿Te presto un bolígrafo? Aquí tienes.*

✓ speak politely to your teacher: *¿Tiene usted un diccionario, por favor?*

gato

¿Cómo se dice 'cat' en español?
¿Cómo se escribe 'gato'?
No entiendo.
No sé.
¿Qué quiere decir 'mono'?
¿Puedo ir al baño?

1a 🔲 Escucha y repite.

b Empareja los dibujos con las frases.

2a 🔲 Escucha y repite.

¿Roberto, me prestas tu calculadora?

Sí, aquí tienes.

¿Arantxa, me prestas un lápiz, por favor?

Lo siento, no tengo lápiz. ¿Te presto un bolígrafo?

c Por turnos con tu compañero/a haz la mímica de una frase.

b Por turnos con tu compañero/a pregunta y contesta.

■ ■ ¿Te ayudo? ■ ■ ■ ■ ■

¿Quién va primero/a?
Yo soy la persona A.
A ti te toca.

Persona A

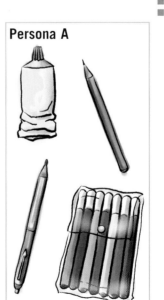

Persona B

3a  Arantxa y Roberto hablan al profe. Escucha y lee.

> Profe, ¿me presta su pluma?

> Lo siento, no tengo.

b Practica los diálogos con tu compañero/a.

> Profe, por favor. ¿Tiene usted un diccionario?

> Sí, aquí tienes.

⊕RIÉNTATE

p.190

¿Tú o usted?

4a Cómo hablar a tu compañero/a? ¿Cómo hablar al profe? ¿Hay una diferencia? Mira los verbos de las actividades **2** y **3**.

(yo)	tengo	presto	mi ...
(tú)	tienes	prestas	tu ...
(él/ella/usted)	tiene	presta	su ...

 tú

 tú usted usted

b Mira la actividad **2b**. Por turnos con tu compañero/a pregunta y contesta.

5a Busca la frase adecuada.

> ¿Cómo se dice 'brother' en español?

A

> Lo siento, no tengo bolígrafo. ¿Te presto un lápiz?

B

> ¿Cómo se escribe?

C

> ¿Y qué quiere decir 'tío'?

D

> Sí, aquí tienes.

E

Tiene usted un diccionario, por favor?
No sé.
Hermano.
H-e-r-m-a-n-o.
¿Me prestas un bolígrafo?

A D E L A N T E

b Escucha y verifica.

Inventa otro diálogo parecido.

¿Te gustan los idiomas?

You will learn how to ...

✓ ask people what they think of school subjects: *¿Te gusta la informática? ¿Te gustan las ciencias? Cuál es tu asignatura preferida?*

✓ say what you think of school subjects: *Me encanta la historia. Odio la literatura. Mi asignatura preferida es el deporte.*

✓ ask people what marks they get: *¿Qué nota sacas en geografía?*

✓ say what marks you get: *Saco bien en ciencias.*

1a 🎧 Escucha y repite.

b Empareja los símbolos con las palabras claves.

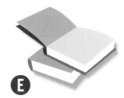

●● **Frases claves** ●●

Asignaturas

- el alemán
- el deporte
- el francés
- el inglés
- el lenguaje
- la geografía
- la historia
- la informática
- la literatura
- la tecnología
- las ciencias
- las matemáticas

c Por turnos con tu compañero/a.

A: H
B: las ciencias

d Qué significan estas palabras? Adivina.

la biología	la música	el arte
la física	las ciencias sociales	el latín
la química		

Odio la geografía.

No me gustan las ciencias.

Me gusta la informática.

Me encanta el deporte.

2a 🔲 Mira las fotos en la página 28. Escucha y lee.

– ¿Te gusta la geografía?
– No. Odio la geografía.
– ¿Te gustan las ciencias?
– No, no me gustan las ciencias.
– ¿Te gusta la informática?
– Sí, me gusta la informática.
– ¿Te gusta el deporte?
– Sí, mucho. Me encanta el deporte.

b Practica el diálogo con tu compañero/a.

ÒRIÉNTATE
●●●●●●●●●●●●●●●●●●●●●● ▶ **p.199**

Me gusta(n), me encanta(n)

singular	Me gust**a** el deporte.
	Me encant**a** la informática.
plural	Me gust**an** las ciencias.
	Me encant**an** las matemáticas.

3a Copia y completa.

1 Me 😊 la geografía.

2 Me 😊 las matemáticas.

3 Me 😊 las ciencias.

4 Me 😊 el deporte.

5 ¿Te 😊 las ciencias?

6 No me 🙁 las ciencias.

b Inventa más ejemplos para tu compañero/a.

c 🔲 ¿Qué opinan los otros cinco jóvenes? Escucha y anota.

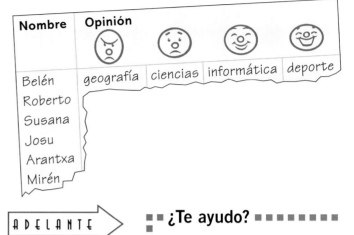

Nombre	Opinión	😠	🙁	🙂	😄
		geografía	ciencias	informática	deporte
Belén					
Roberto					
Susana					
Josu					
Arantxa					
Mirén					

ADELANTE ▶

¿Cuál es la asignatura preferida?

■ ■ **¿Te ayudo?** ■ ■ ■ ■ ■ ■ ■ ■

saco ... sobresaliente
notable
bien
suficiente
insuficiente
muy deficiente

4a 🔲 Escucha y anota la asignatura y la calificación.

b Por turnos con tu compañero/a pregunta y contesta.

A: ¿Qué nota sacas en ...?
B: Saco ... en ...

5a A ti te toca. Escribe una lista de tus asignaturas.

b Pon tu lista en orden de preferencia.

Mi asignatura preferida es ...
Me encanta(n) ...
Me gusta(n) ...
No me gusta(n) ...
Odio ...

deporte
historia dibujo

c Escribe tus opiniones.

d Por turnos con tu compañero/a pregunta y contesta.

¿Cuál es tu asignatura preferida?
¿Qué otras asignaturas te gustan?
¿Qué asignaturas no te gustan?

▷ **C15**

¿A qué hora? ¿Qué día?

2

You will learn how to ...

✓ say what time it is: *Es la una. Son las dos y media.*

✓ ask people what they do, on what day and at what time: *¿A qué hora tienes francés?*
  ¿Qué día? ¿Qué asignatura tienes el lunes a las once?

✓ say what you do, on what day and at what time: *El martes a las tres tengo matemáticas.*
  Comemos a la una.

✓ ask and say what other people do, on what day and at what time: *¿A qué hora tiene arte?*
  Tienen música a las nueve.

1a 🔊 Escucha y lee. ¿Qué hora es?

Es la una.

Son las dos.

Son las tres.

Es la una y cuarto.

Son las dos y media.

Son las tres menos cuarto.

Son las doce.

Es el mediodía.

Es la medianoche.

b 🔊 Escucha y dibuja la hora.
Ejemplo: *1*

c Pregunta a tu compañero/a.
Ejemplo: *Uno. ¿Qué hora es?*

d Mira tus respuestas. ¿Estás de acuerdo?

2a Lee el horario de Josu.

b 🔊 Escucha.
¿Verdad (✓) o
mentira (✗)?

	lunes	martes	miércoles	jueves	viernes
8.00–9.00	inglés	música	deporte	ciencias	tutoría
9.00–10.00	tecnología	matemáticas	arte	francés	ciencias sociales
10.00–11.00	literatura	geografía	matemáticas	tecnología	ciencias sociales
11.00–11.30	R	E	C	R	E	O
11.30–12.30	ciencias	francés	geografía	matemáticas	lenguaje
12.30–1.30	ciencias	historia	literatura	lenguaje	lenguaje
1.30–3.00	C	O	M	I	D	A
3.00–4.00	historia	informática	deporte	inglés	arte

2c Por turnos con tu compañero/a pregunta y contesta.

A: Es el lunes.
¿A qué hora tiene Josu tecnología?
¿Qué asignatura tiene a las tres?

B: Tiene tecnología a las nueve.
A las tres tiene historia.

3a Escribe tu horario en español.

b Escribe el horario de tu compañero/a.
Por turnos pregunta y contesta.

A: ¿A qué hora tienes (francés)?
¿Qué día tienes (música)?
¿Qué asignatura tienes el (lunes) a las (diez)?

B: Tengo (francés) a las (tres).
Tengo (música) el (viernes).
El (lunes) a las (diez) tengo (historia).

c Verificad vuestros horarios.

4a 🔊 Escucha a los estudiantes españoles y lee.

b Anota las preguntas.

> Comemos en el comedor a la una y media,
> y vosotros, ¿a qué hora coméis?
> Tenemos media hora de recreo a las once,
> y vosotros, ¿cuánto tiempo tenéis?
> En literatura leemos la poesía de Lorca,
> y vosotros, ¿qué leéis?

OJO

Una pregunta se escribe así:
¿...?

ADELANTE

Inventa unas frases 'Verdad o mentira' para tu compañero/a.
Ejemplo: *Josu tiene historia el lunes a las once.*

ÓRIÉNTATE

p.194

Los verbos en -ER

comER	
singular	
(yo)	com**o**
(tú)	com**es**
(él/ella/usted)	com**e**
plural	
(nosotros)	com**emos**
(vosotros)	com**éis**
(ellos/ellas/ustedes)	com**en**

5a Mira los verbos en el texto de **4a**.
¿Cuándo necesitas las formas *nosotros* y *vosotros* del verbo?
¿Y la forma *ellos/ellas/ustedes*? ¡Adivina!

b Compara como terminan los verbos en -ER con los verbos en -AR (página 11) y en -IR (página 13).

6 Juega en grupo.

A: El lunes tenemos historia.

B: El lunes tenemos historia e informática.

C: El lunes tenemos historia, informática e inglés.

7a Contesta a las preguntas de la actividad **4**.

b Copia y completa.

Comen a la una y media.   Comemos ...

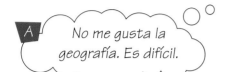
B Creo que la música es aburrida.

C La informática es útil pero no me gusta.

D Los deportes son aburridos.

A No me gusta la geografía. Es difícil.

E Creo que la historia es fácil.

H La tecnología es interesante.

G Me gustan las ciencias porque son fáciles.

F Me encantan las matemáticas porque saco sobresaliente.

1a  Lee las opiniones.

b Escucha. ¿Qué opina Javier?
Ejemplo: F, ...

c ¿Estás de acuerdo? ¿Qué opinas tú? Escribe frases.
Ejemplo: Me gusta la geografía porque es fácil.

2a Escoge la frase adecuada.

■■ ¿Te ayudo? ■■■■■■■■■■■■■■■■

La historia es ...	Las matemáticas son ...
fácil	fáciles
difícil	difíciles
útil	útiles
interesante	interesantes
aburrida	aburridas

A

B

C

D

E

Son las siete menos cuarto.
Son las tres y cuarto.
Son las tres menos diez.
Son las cuatro y veinticinco.
Son las siete y veinte.

b Qué hora es? Escribe frases.

A

B

C

D

E

3a  Escucha y lee.

– ¿Cuál es tu asignatura preferida?
– Me gustan mucho las ciencias pero mi asignatura preferida es la geografía.
– ¿Por qué?
– Porque me encanta, y saco notable.
– ¿Y qué asignatura no te gusta?
– No me gusta la informática. Es muy difícil. Saco insuficiente.
– ¿Eres miembro de algún club?
– Sí, soy miembro del club de arte dramático.

b Copia y completa.

Asignatura preferida:............................

Nota:...

Asignatura más difícil:...............................

Nota:...

Club:...

c Practica el diálogo con tu compañero/a.

d Inventa otro diálogo parecido.

■■ **¿Te ayudo?** 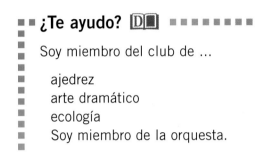 ■■■■■■■■

Soy miembro del club de ...

ajedrez
arte dramático
ecología
Soy miembro de la orquesta.

4a Lee la carta de Elena. Escribe las palabras que faltan.

b Contesta a las preguntas de Elena.

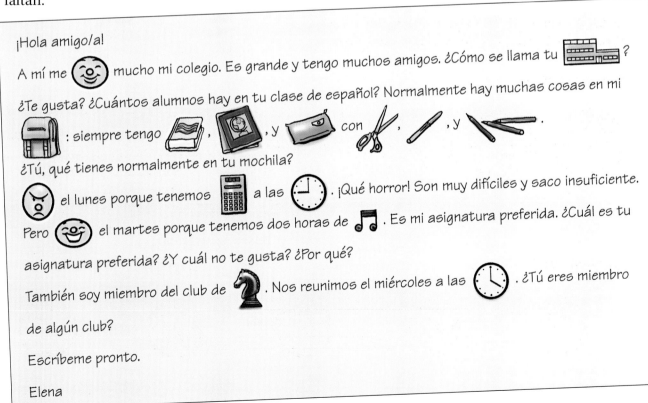

¡Hola amigo/a!

A mí me 😊 mucho mi colegio. Es grande y tengo muchos amigos. ¿Cómo se llama tu 🏫 ?

¿Te gusta? ¿Cuántos alumnos hay en tu clase de español? Normalmente hay muchas cosas en mi

🎒 : siempre tengo 📖 , 🌐 , y 🖊 con ✂ , ✏ , y 🖍 .

¿Tú, qué tienes normalmente en tu mochila?

😠 el lunes porque tenemos 🧮 a las 🕐 . ¡Qué horror! Son muy difíciles y saco insuficiente.

Pero 😁 el martes porque tenemos dos horas de 🎵 . Es mi asignatura preferida. ¿Cuál es tu

asignatura preferida? ¿Y cuál no te gusta? ¿Por qué?

También soy miembro del club de ♞ . Nos reunimos el miércoles a las 🕓 . ¿Tú eres miembro

de algún club?

Escríbeme pronto.

Elena

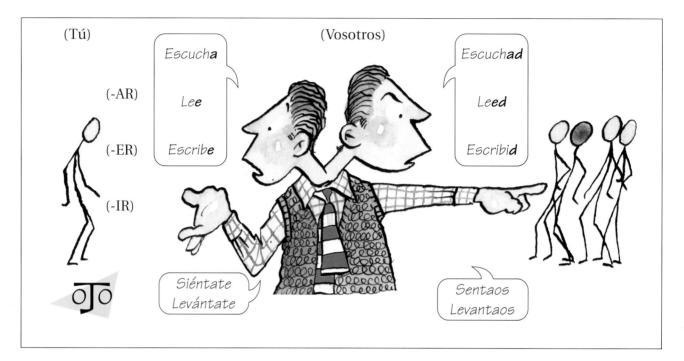

a Lee las frases. ¿Por qué hay dos formas?

b Busca ejemplos en las instrucciones de este paso y en la página 8.

c  Escucha y juega a 'Juancho dice'.

¡SE PRONUNCIA ASÍ!

Las vocales: a e i o u

a  Escucha y repite.

calculadora

regla

goma

libro

estuche

b Dibuja más ejemplos y practica con tu compañero/a.
¿Qué tal pronuncias?
¿Sobresaliente? ¿Bien? ¿Regular? ¿Mal?
Discútelo con tu compañero/a.

MAÑAS · MAÑAS · MAÑAS

¿Qué contiene tu diccionario?

a Cuántas secciones hay?
¿Hay una sección especial para los verbos y la gramática?
¿Hay una lista de abreviaturas?
¿Qué más hay?

b Busca contrarreloj:

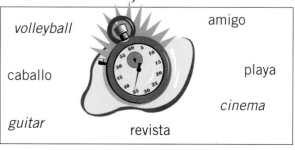

volleyball

amigo

caballo

playa

cinema

guitar

revista

A TI TE TOCA

Por turnos con tu compañero/a pregunta y contesta.

¿Qué tienes en tu mochila?	Tengo ...
¿Tienes un bolígrafo?	Sí./No, ...
¿Qué hay en tu estuche?	Hay ...
¿Cuántos lápices tienes?	Tengo ...
¿Me prestas tu calculadora?	Sí, .../Lo siento, no ...
¿Cómo se dice 'ruler' en español?	...
¿Cómo se escribe?	...
¿Te gusta la geografía?	Sí, .../No, ...
¿Te gustan las matemáticas?	Sí, .../No, ...
¿Qué nota sacas en inglés?	Saco ...
¿Qué hora es?	Es .../Son ...
¿A qué hora tienes deporte?	Tengo deporte a las ...
¿Qué día tienes música?	Tengo música el ...
¿Qué asignatura tienes el jueves a las diez?	Tengo ...
¿A qué hora comemos?	Comemos ...
¿A qué hora tenemos recreo?	Tenemos ...

PLANTA BAJA

laboratorios

gimnasio

comedor

entrada

aulas

patio

biblioteca

secretaria

oficina del director

Mi colegio se llama el Instituto Julio Caro Baroja.

Es un colegio mixto.

Hay 1.100 alumnos y 92 profesores y empleados.

No tenemos uniforme.

De lunes a viernes, tenemos clases desde las 8:15 hasta las 4:20.

Tengo una hora de deberes cada noche.

Mi asignatura preferida es la expresión plástica y visual, pero no me gustan las ciencias sociales.

¿LO SABES?

De los 12 a los 16 años, las asignaturas obligatorias son:

- ◆ Ciencias de la Naturaleza
- ◆ Educación Física
- ◆ Expresión Plástica y Visual
- ◆ Geografía e Historia y Ciencias Sociales
- ◆ Lenguas Extranjeras
- ◆ Lengua Castellana y Literatura
- ◆ Matemáticas
- ◆ Tecnología
- ◆ Música
- ◆ Religión/Actividades de Estudio

A
- ◆ 🖥️📖 Mira el plano y lee el texto.

- ◆ 🖥️ Dibuja un plano de tu colegio.

- ◆ Escribe unos datos sobre tu colegio.

- ◆ Graba una casete. Habla de tus asignaturas y de tus notas. Da tu opinión.

- ◆ ¿Cuáles son las asignaturas obligatorias en tu país? Escribe una lista.

IKASTETXE

B Mira estos símbolos mayas.

Inventa un símbolo para cada día de la semana.

Ejemplo:

lunes

C
- ¿Cuáles son los clubes extraescolares en tu colegio?
  ¿Arte dramático?   ¿Orquesta?
  ¿Coro?   ¿Danza?   ¿Informática?
  ¿Tenis?
- Dibuja un póster.
- Escoge un club, o inventa otro.
  Prepara una ficha de inscripción.
  ¡Busca miembros!

- Inventa un anuncio.

ACTIVIDADES EXTRAESCOLARES
INSTITUTO JULIO CARO
BAROJA

lunes   arte dramático
           (gimnasio, 4.30–5.30)

martes   ajédrez
           (aula 12, 1.15–1.45)
           danza
           (gimnasio, 4.30–5.15)

miércoles orquesta
           (sala principal, 4.30–5.30)

jueves   coro
           (aula de música, 12.45–1.45)
           informática
           (aula 9, 1.15–1.45)
           tenis
           (patio, 4.30–5.15)

viernes   ecología
           (laboratorio, 1.15–1.45)

¡NUEVO CLUB DE ARTE DRAMÁTICO!
EL MARTES A LAS 4.30 EN EL GIMNASIO.
- IMPROVISACIÓN
- MONTAJES TEATRALES
NO ES NECESARIO TENER EXPERIENCIA.
TODO EL MUNDO ESTÁ INVITADO.

Pasatiempos

Ratos libres

You will learn how to ...

✓ ask people what they like doing in their free time:
  ¿Qué te gusta hacer en el tiempo libre?

✓ say what you like doing and what you don't like doing:
  Me gusta salir con amigos pero no me gusta leer.

✓ say what someone else likes doing and doesn't like doing:
  Le gusta tocar la guitarra pero no le gusta bailar.

1 🔊 Escucha y lee.

> *¿Qué te gusta hacer en el tiempo libre?*

> *Me gusta bailar salsa y salir con amigos. ¿Te gusta bailar?*

> *A mí no, pero me encanta jugar con videojuegos.*

2a 🔊 Escucha y anota los pasatiempos que menciona cada persona.
Ejemplo: 1 A, D, ...

A leer revistas

B salir con amigos

C tocar la guitarra

D ir al cine

E montar a caballo

F ver la televisión

G escuchar música

H dibujar

I bailar salsa

J jugar con videojuegos

2b Por turnos con tu compañero/a pregunta y contesta.

A: ¿Te gusta tocar la guitarra?
B: Sí, me gusta./No, no me gusta.

3  Escucha a seis jóvenes. ¿Qué les gusta hacer? ¿Qué no les gusta hacer?
Ejemplo:

ADELANTE

Escribe las respuestas.
Ejemplo: *1 Le gusta tocar la guitarra pero no le gusta dibujar.*

4 Habla de tus pasatiempos con tu compañero/a.

A: ¿Qué te gusta hacer en el tiempo libre?
B: Me gusta … pero no me gusta …
Me encanta …

me
te   gusta …
le

ORIÉNTATE
p.194

El infinitivo

escuchAR   salIR   vER

Esta forma del verbo se llama el infinitivo. Un verbo se encuentra así en el diccionario.

escuchar *vt* to listen
ver *vt* to watch
salir *vi* to go out

5 Busca otros ejemplos en el texto.

6a Lee el anuncio. ¿Quién es?

¡Hola!

Tengo 15 años y busco amigos/as por correspondencia. Me gusta leer y ver la televisión. Me encanta la música, por ejemplo tocar el piano o la guitarra.

No me gusta la informática en absoluto. Odio jugar con videojuegos.

Andrés

Pilar

Héctor

Laura

6b Escoge a una persona. Tu compañero/a adivina quién es.

A: ¿Le gusta dibujar?
B: No, pero le gusta leer.
A: ¿Se llama Pilar?
B: Sí, es Pilar.

c Escribe un anuncio y busca a un(a) nuevo/a amigo/a en tu clase.

ADELANTE

Escribe un anuncio para una de las otras personas de arriba.

¿Qué deportes practicas?

You will learn how to ...

✓ say which sports you play and which you prefer: *Juego al fútbol y practico el ciclismo. Prefiero el fútbol.*

✓ ask someone which sports they play and which they prefer: *¿Qué deportes practicas? ¿Cuál prefieres?*

✓ make simple comparisons: *El tenis es más popular que el golf pero menos popular que el fútbol.*

1a  Mira la encuesta y escucha. ¿De qué deporte habla cada persona?

b ¿Verdad (✔) o mentira (✘)?
1 El surf es más popular que el tenis.
2 El voleibol es más popular que el golf.
3 El baloncesto es más popular que el fútbol.
4 El golf es menos popular que la natación.
5 La pelota vasca es menos popular que el ciclismo.

ADELANTE

Corrige las frases incorrectas.

el surf 15 %

el baloncesto 10 %

el ciclismo 5 %

la natación 10 %

el golf 5 %

la pelota vasca 10 %

el voleibol 10 %

el tenis 10 %

el fútbol 25 %

¿LO SABES?

Deportes rurales

Los juegos y deportes populares vascos están basados en la fuerza. Uno de los más espectaculares es el *harriketa*, el levantamiento de piedras, a veces de más de 300 kg.

MAÑAS · **MAÑAS** · MAÑAS

Muchas palabras españolas e inglesas son parecidas:

el tenis	el golf	el fútbol

2a ¿Qué significan estas palabras? Adivina.

la gimnasia	el atletismo	el esquí
el rugby	el hockey	el squash
el windsurf	el jogging	el boxeo
la bicicleta	el gol	el balón

b ¿Estás de acuerdo con tu compañero/a?

c 🔲 Verifica en el diccionario.

3 ¿Cuántos personajes deportivos españoles puedes nombrar?

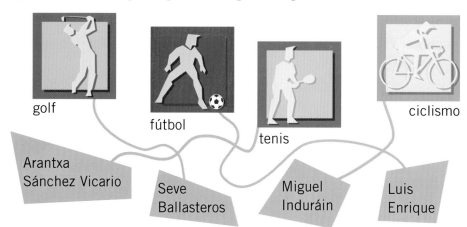

golf

fútbol

tenis

ciclismo

Arantxa
Sánchez Vicario

Seve
Ballasteros

Miguel
Induráin

Luis
Enrique

Juego al	baloncesto
	tenis
	fútbol
	voleibol
a la	pelota vasca
Practico	el ciclismo
Prefiero	el surf
	la natación

4a  Escucha y lee.

– ¿Qué deportes practicas?
– Juego al tenis y al fútbol. El fin de semana practico el ciclismo.
– ¿Cuál prefieres?
– Prefiero el fútbol. ¿Y tú?
– Prefiero el baloncesto.

OJO

Juego a + el ... → Juego **al** ...

b Practica el diálogo con tu compañero/a.

c Inventa y practica otro parecido.

5 Encuesta. Pregunta: ¿Qué deportes practicas? ¿Cuál prefieres?
Presenta el resultado de forma gráfica y escribe unas frases.
Ejemplo:

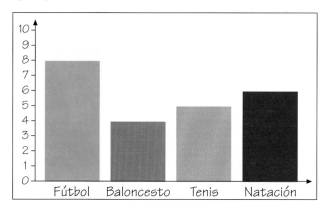

El fútbol es más popular que el tenis.

El baloncesto es menos popular que la natación.

ORIÉNTATE ●●●●●●●●●●●●●●●● ➤ p.195

Los verbos

	jugar	*preferir*
(yo)	juego	prefiero
(tú)	juegas	prefieres
(él/ella/usted)	juega	prefiere
(nosotros)	jugamos	preferimos
(vosotros)	jugáis	preferís
(ellos/ellas/ustedes)	juegan	prefieren

6 Busca unos ejemplos en el texto.

3 ¿Adónde vas?

You will learn how to ...

✓ say where you are going and with whom: *Voy al parque. Voy con Roberto. Vamos a la piscina.*
✓ ask people where they are going and with whom: *¿Adónde vas? ¿Con quién?*
✓ ask and say where other people are going: *¿Adónde va Mirén? Va a la playa. Mis amigos van al cine.*

A el club de jóvenes

B el parque Arenal

C la piscina

D el polideportivo

E el cine

F el centro comercial

G la playa

H el estadio

Hola, Belén, ¿adónde vas?

Voy a la piscina.

¿Con quién?

Con mi amiga Susana.

1a 📼 Escucha. ¿En qué orden oyes mencionar las fotos?
Ejemplo: A, ...

1b Escucha otra vez. ¿Adónde va Belén esta semana? Anota en la agenda.

c Escucha otra vez. ¿Con quién va?

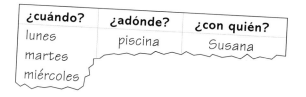

¿cuándo?	¿adónde?	¿con quién?
lunes	piscina	Susana
martes		
miércoles		

d Mira la agenda de Belén. Inventa un diálogo con tu compañero/a.

A: ¿Adónde vas el lunes?
B (Belén): El lunes voy a la piscina.
A: ¿Con quién?
B (Belén): Voy con Susana.
A: ¿Adónde vas el martes?

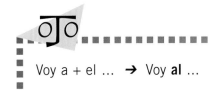

Voy a + el ... → Voy **al** ...

2a A ti te toca. Escribe tu agenda para la semana que viene.

b ¿Adónde vas? Escribe unas frases.
Ejemplo: El lunes voy al parque con Anna.

3a Empareja los bocadillos con los dibujos.

Mi hermano va a la playa.

¿Adónde vais?

Voy al centro comercial.

Mis amigos van al club de jóvenes.

Vamos al parque.

b  Escucha y verifica.

c Por turnos con tu compañero/a di y señala.
A: Vamos al parque.
B: Dibujo B.

ÔRIÉNTATE

p.195

El verbo *ir*

4a ¿Sabes escribir las formas del verbo **ir**?
Mira las actividades **2** y **3**.

singular	plural
(yo)	(nosotros)
(tú)	(vosotros)
(él/ella/usted)	(ellos/ellas/ustedes)

vamos   van   voy   vais
va   vas

b **D** Verifica en tu diccionario.

ADELANTE

Escribe otros bocadillos para los dibujos de la actividad **3a**.

¿Cómo pasas el tiempo libre?

3

You will learn how to ...

✓ ask people how they spend their free time: *¿Cómo pasas el tiempo libre? ¿Cómo pasa usted el tiempo libre? ¿Pasas el tiempo libre bailando?*

✓ say how you spend your free time: *Paso el tiempo libre escuchando música.*

✓ say how other people spend their free time: *Ana pasa el tiempo leyendo revistas.*

1 🔊 Mira el dibujo y escucha. ¿Quién habla?

ORIÉNTATE
• • • • • • • • • • • • • • • • • ➤ **p.195**

El gerundio

tocar → tocando

comer → comiendo

escribir → escribiendo

OJO
- dormir → durmiendo
- leer → leyendo

2 Copia y completa con la forma correcta del verbo.
1. Paso el tiempo libre (bailar) salsa.
2. Paso el tiempo libre (ver) la televisión.
3. Paso el tiempo libre (tocar) la guitarra.
4. Paso el tiempo libre (hacer) los deberes.
5. Paso el tiempo libre (comer) caramelos.

3a Escribe un bocadillo para cada persona.
Ejemplo: Ana:

> Paso el tiempo libre escuchando a mi amiga.

b Describe a cada persona.
Ejemplo: Ana pasa el tiempo libre escuchando a su amiga.

4 Por turnos con tu compañero/a escoge a una persona.
Tu compañero/a adivina quién eres.

A: ¿Pasas el tiempo libre durmiendo?
B: No.
A: ¿Pasas el tiempo hablando con tu amiga?
B: Sí.
A: ¿Eres Pilar?
B: Sí, soy Pilar.

ADELANTE ➤

Tu compañero/a adivina quién es.

A: ¿Pasa el tiempo hablando con su amiga?
B: Sí.
A: ¿Es Pilar?
B: Sí, es Pilar.

■ ■ **¿Te ayudo?** ■ ■ ■ ■ ■

	ser
(yo)	soy
(tú)	eres
(él/ella/usted)	es

5a 📖 A ti te toca.
¿Cómo pasas tú el tiempo libre? Escribe unas frases.

b Por turnos con tu compañero/a pregunta y contesta.

> ¿Cómo pasas tú el tiempo libre?

c ¿Qué tienes en común con él/ella?
Ejemplo: Pasamos el tiempo libre ...

d Pregunta a tu profesor(a):

> ¿Cómo pasa usted el tiempo libre?

ADELANTE

1a ¿Cuántas preguntas conoces ya? Haz una lista.

b Compara tu lista con la de tu compañero/a. ¿Quieres cambiarla?

¿Qué tal?
¿Cómo te llamas/se llama?

2a Escoge la palabra adecuada para completar el diálogo.

¿adónde?   ¿cómo?
¿cuándo?   ¿cuántos?
¿cuál?
¿qué?
¿quién?

– ¡Hola! ¿ ____ tal? ¿ ___ estás?
– Muy bien, gracias. ¿ ____ vas?
– Voy al polideportivo. Juego al fútbol esta tarde.
– ¿Con ___?
– Con algunos compañeros de clase.
– ¿ ___ otros deportes practicas?
– Me gusta también el rugby y el voleibol.
– ¿ ___ prefieres?
– El rugby, porque es muy competitivo.

b 🔊 Escucha y verifica.

c Practica el diálogo con tu compañero/a.

3 ¿Qué opinas? Escribe unas frases sobre lo que más te gusta hacer.
   Ejemplo: *Me encanta coleccionar sellos porque es interesante.*
   Me gusta ... porque ...
   No me gusta ... porque ...
   Detesto/Odio ... porque ...

cocinar   el esquí acuático

emocionante

divertido/a   tranquilo/a

competitivo/a   aburrido/a   creativo/a

el ping-pong   coleccionar sellos

4a Lee el email de Luisa.

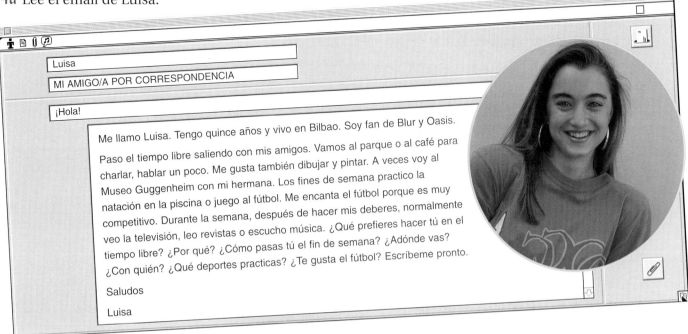

Luisa

MI AMIGO/A POR CORRESPONDENCIA

¡Hola!

Me llamo Luisa. Tengo quince años y vivo en Bilbao. Soy fan de Blur y Oasis.

Paso el tiempo libre saliendo con mis amigos. Vamos al parque o al café para charlar, hablar un poco. Me gusta también dibujar y pintar. A veces voy al Museo Guggenheim con mi hermana. Los fines de semana practico la natación en la piscina o juego al fútbol. Me encanta el fútbol porque es muy competitivo. Durante la semana, después de hacer mis deberes, normalmente veo la televisión, leo revistas o escucho música. ¿Qué prefieres hacer tú en el tiempo libre? ¿Por qué? ¿Cómo pasas tú el fin de semana? ¿Adónde vas? ¿Con quién? ¿Qué deportes practicas? ¿Te gusta el fútbol? Escríbeme pronto.

Saludos

Luisa

b Mira las fichas. Busca a un(a) amigo/a por correspondencia para Luisa.

Nombre:	Iván
Edad:	16
Pasatiempos:	salir con amigos, música, poesía
Deportes preferidos:	fútbol, voleibol

Nombre:	Ana Isabel
Edad:	15
Pasatiempos:	lectura, cocina, cine
Deportes preferidos:	natación, baloncesto

Nombre:	Raúl
Edad:	14
Pasatiempos:	tocar batería, ver televisión
Deportes preferidos:	golf, tenis

c Contesta a las preguntas.
1 ¿Cómo pasa Luisa el tiempo libre?
2 ¿Qué deportes practica?
3 ¿Cuál prefiere?
4 ¿Adónde va con su hermana?
5 ¿Por qué le gusta el fútbol?
6 ¿Qué hace después de hacer los deberes?

d Escribe una ficha con tus datos personales.

e Escribe una carta o un email a Luisa. Contesta a sus preguntas.

QUIZ

1 El primer mundial de fútbol se celebró

a en 1930, en Uruguay

b en 1940, en Argentina

c en 1950, en Chile

2 ¿Quién es?

a Carlos Moya

b Marcelo Ríos

c Felix Mantilla

3 El deporte más practicado del mundo es

a el fútbol

b el baloncesto

c el voleibol

4 El primer videojuego se llamaba

a Ping

b Pong

c Pang

5 El merengue es

a un caballo

b una asignatura

c un baile

6 Ver la televisión es

a más popular en España que en los Estados Unidos

b menos popular en España que en los Estados Unidos

c igual en España que en los Estados Unidos

¡SE PRONUNCIA ASÍ!

Las consonantes J y G

a 🔊 Escucha y lee.

b 🔊 Escucha y repite.

J		G
joven	rojo	**ga**to
pájaro	hija	**go**rila
julio	jueves	**gu**sta
tijeras	ejemplo	**gr**ande
jirafa	Jiménez	
		geografía
		tecno**gí**a

c Lee y pronuncia.

tortu**ga**	**gu**apo
lar**go**	ne**gro**
gimnasio	Ar**ge**ntina

d 🔊 Escucha y verifica.

MAÑAS · **MAÑAS** · MAÑAS

¿Entiendes tu diccionario?

a Mira el ejemplo.

> **bailar** *vi* **1** to dance, ~ **un tango** to tango
> **2** to swipe *(colloq)*
> **bailarín, -rina 1** *adj* fond of dancing
> **2** *m, f* (persona) dancer
> **baile** *n m* dance

b ¿Qué significan?

vi   *(colloq)*   *adj*   *n*   *m*   *f*

c 📖 Busca las abreviaturas en tu diccionario y anótalas.

A TI TE TOCA

Por turnos con tu compañero/a pregunta y contesta.

¿Qué te gusta hacer en el tiempo libre?	Me gusta ...
¿Te gusta bailar?	Sí, .../No, ...
¿Qué deportes practicas?	Juego a/al ... y practico ...
¿Cuál prefieres?	Prefiero ...
¿Adónde vas esta semana?	Voy a/al ...
¿Con quién?	Con ...
¿Adónde va tu amigo/a?	Va ...
¿Cómo pasas el tiempo libre?	Paso ...
¿Cómo pasa tu amigo/a el tiempo libre?	Pasa ...

LA PELOTA

La pelota es un juego de origen muy antiguo practicado por los egipcios, griegos, romanos y mayas. Ahora hay 21 variedades del juego y tiene diferentes reglas según el país y la zona.

A veces la pelota se golpea con la mano desnuda, a veces con un guante de cuero, con una pala de madera, con una raqueta parecida a las de tenis, o con una 'cesta'.

En el País Vasco se llama el frontón, o la pelota vasca. El juego consiste en lanzar una pelota contra una pared. Si se juega bien, la pelota rebota y el contrario no puede devolverla. La pista puede ser cubierta o al aire libre. El suelo y las paredes son de cemento o baldosas.

Actualmente el frontón es deporte exhibición en los Juegos Olímpicos. En España existe una liga regular entre federaciones territoriales. En Bilbao hay varios partidos de pelota cada semana durante todo el año.

Partidos de Pelota

Frontón Club Deportivo
C/ Alda. Recalde, 20
Partidos de pala y cesta punta durante todo el año los jueves, sábados, domingos [cuando no juega el Athletic] y festivos a las 17.00 horas.

Frontón Jai-Alai
C/ Carlos Gangoiti, 14
Partidos de cesta punta todos los lunes a las 17.00 horas. Los domingos se alterna con el Frontón del Club Deportivo.

pala   pelota

guante

cesta

raqueta

A

💻 Investiga en el CD-Rom ...
◆ la salsa y otros bailes tradicionales de España o América Latina o
◆ la historia de la corrida de toros

KIROLA

PAIS VASCO ACTIVO

Tierra

 Bicicleta de montaña

 Escalada

 Espeleología

 Hípica

Puenting

Agua

 Piragüismo

 Submarinismo

 Surf

 Wind-surf

 Vela

Aire

 Parapente

 Vuelo con motor

¿Qué es?
Es una escultura de Eduardo Chillida.
Vive en San Sebastián.
Trabaja el hierro, la madera y el granito, entre otros materiales.
Sus obras se encuentran por todo el mundo.

¿Quién es?
Se llama Miguel Induráin.
Es un ciclista español.
Es ganador del Tour de Francia y del Giro de Italia.

C

¿Quién es? Investiga ...
- Federico Martín Bahamontes
- Fernando Botero   • Ramón Casas
- Severiano Ballesteros • Roberto Carlos

B

Trabaja con tu compañero/a.
- ¿Se pueden practicar estos deportes en tu región?
- ¿Qué se puede hacer? Dibuja un póster.

En Gloucestershire se puede

viajar en globo

hacer karting

hacer piragüismo

- Inventa un itinerario para un fin de semana activo en tu región.

Sábado
9.30   Escalada

Repaso 1

**Mira las secciones *A ti te toca*
páginas 21, 35, 49**

1a ¿Qué hay en la mochila de Javier?
Escribe una lista.
Ejemplo: *dos cuadernos, ...*

b Organiza tu lista así:

masculino	femenino
dos cuadernos	...

c Dibuja una mochila con cinco objetos.
Tu compañero/a adivina lo que tienes.

A: Me prestas un bolígrafo, por favor?
B: Sí, aquí tienes./Lo siento, no tengo
bolígrafo.

2a 🔊 Escucha. Copia y completa la ficha
personal para cada persona.

Nombre ....
Edad ....
Cumpleaños ....
Hermanos ....
Hermanas ....
Animales ....

b Mira tus respuestas y los dibujos. ¿Quién es?

c Escoge a una persona. Tu compañero/a
adivina quién eres.

A: ¿Tienes una hermana?
B: No.
A: ...

3a Mira las imágenes de Nacho.

b Por turnos con tu compañero/a pregunta y contesta.
1 ¿Cómo se llama?
2 ¿Cuántos años tiene?
3 ¿Cómo es?
4 ¿Tiene hermanos?
5 ¿Qué asignaturas le gustan?
6 ¿Qué asignatura no le gusta?
7 ¿Qué le gusta hacer en el tiempo libre?
8 ¿Qué deportes practica?

c Escribe un párrafo sobre Nacho.
Ejemplo: *Se llama ... y tiene ...*
Le gusta ... y ..., pero ...

d Escoge a un(a) amigo/a por correspondencia para Nacho.

e Escribe a Nacho o a uno de estos jóvenes.
Di cómo eres, si tienes animales y qué te gusta hacer en el tiempo libre.

AMIGOS POR CORRESPONDENCIA

1 ¡Hola! Soy una Tauro de 17 años. Me encanta el cine, la música y los vampiros. Me gustaría conocer gente de todo el planeta. ¡Si tienes entre 10 y 30 años, escríbeme! Lola, Tarragona

2 ¡Hola, gente! Soy Alicia. Tengo casi 15 años. Si tienes entre 13 y 15 años y te gusta bailar, ¿a qué esperas? Alicia, Valencia

3 ¡Hola! Somos dos chicas de 16 años que queremos cartearnos con gente de todo el mundo. Nos gustan la música, el voleibol y el tenis. Noelia y Sandra, Badajoz

4 ¡Hola, amigos! Soy Vanesa y necesito un gran favor. Si sabes dibujar bien, ¿me podrías dibujar a Eros Ramazzotti? A cambio te podría dar material de tus ídolos. Espero que me escribas. Vanesa, Sevilla

5 Me llamo José y tengo 13 años. Quiero recibir sellos de todo el mundo para crear un Record Guinness. Por favor, envíame tus sellos. José, Cádiz

6 ¡Hi! Me llamo Oscar y me gustaría cartearme con chicas. Soy divertido e inteligente. Me gusta la música y el fútbol. Mandadme vuestras cartas. Oscar, Barcelona

Familias y familiares

¿Conoces a mi familia?

You will learn how to ...

✓ ask people about their family: *¿Quién es? ¿Tienes primos? ¿Cuántos años tienen tus abuelos?*

✓ identify members of the family: *Es el hermano de mi madre. Tengo dos tíos. Se llaman Pepe y Jorge.*

> *Soy hija única pero somos una familia bastante grande.*

1a Belén habla de su familia. Escucha y lee.

 ADELANTE

¿Qué más dice? Escucha otra vez y anota.

b Por turnos con tu compañero/a señala, pregunta y contesta.

A: ¿Quién es?
B: Es su abuelo, Pepe.

Mis **abuelos** se llaman Pepe y Rosa.

Mi **abuelo** Pepe tiene setenta y un años.

Mi **abuela** Rosa tiene sesenta y seis años.

Aquí están mis **padres.**

Mi **tío** se llama Byron. Es el hermano de mi madre.

Aquí está mi **tía**, Marta Luz.

Mi otra **tía**, Patricia, es muy simpática.

Mi **padre** se llama Raúl.

Mi **madre** se llama Teresa.

Mis **primos**:

Gabriel Alfonso y Carlos Guillermo. Son muy traviesos.

Mi **prima** se llama Amira Lucía. Es el bebé de la familia.

Mi **primo**, Tito. Tenemos mucho en común.

Aquí estoy.

1c ¿Verdad (✔), mentira (✗) o no se sabe (?)?

1 Belén tiene tres primos.
2 Pepe es viejo.
3 La madre de Tito está divorciada.
4 Los padres de Belén se llaman Pepe y Rosa.
5 Teresa es la hermana de Patricia.
6 La tía de Rosa se llama Amira Lucía.
7 Carlos Guillermo y Tito son gemelos.
8 Amira Lucía es joven.

Corrige las frases incorrectas.

d ¿Quién habla?

1 Soy la madre de Carlos Guillermo. Es mi hijo.
2 Soy hijo único.
3 Soy el tío de Belén.
4 Soy la sobrina de Marta Luz. Es mi tía.
5 Somos los padres de Patricia.
6 Somos los hijos de Marta Luz y Byron.
7 Somos las hermanas de Byron.
8 Somos los primos de Tito.

e 📼 Escucha y verifica.

⊕RIÉNTATE

●●●●●●●●●●●●●●●●●●●➤ **p.195**

El verbo *ser*

singular		*plural*	
(yo)	soy	(nosotros)	somos
(tú)	eres	(vosotros)	sois
(él/ella/usted)	es	(ellos/ellas/ustedes)	son

2 Busca estas formas en el texto de la actividad **1**. ¿Qué formas no encuentras?

3 Mira las frases de **1d**.
Por turnos con tu compañero/a.

A: Soy la madre de Carlos Guillermo.
B: Eres Marta Luz.

A: Somos los padres de Patricia.
B: Sois Pepe y Rosa.

Inventa otros ejemplos con tu compañero/a.

●● **Frases claves** ●●●●●●●●●●●●●●●●●

m.	*f.*	*pl.*
hijo (único)	hija (única)	hijos/as
padre	madre	padres
abuelo	abuela	abuelos/as
nieto	nieta	nietos/as
tío	tía	tíos/as
primo	prima	primos/as
sobrino	sobrina	sobrinos/as
hermano	hermana	hermanos/as
gemelo	gemela	gemelos/as

4a 📼 Belén habla con una amiga. Escucha y lee.

– Tengo dos abuelos.
– ¿Cómo se llaman?
– Se llaman Rosa y Pepe.
– ¿Cuántos años tienen?
– Mi abuelo tiene setenta y un años y mi abuela tiene sesenta y seis.
– ¿Tienes primos?
– Sí, tengo tres primos y una prima.
– ¿Tienes hermanos?
– No, no tengo hermanos. Soy hija única.

b Practica el diálogo con tu compañero/a.

5a A ti te toca. Dibuja y escribe tu árbol genealógico.

b Pregunta y contesta con tu compañero/a.

¿Quién es?

¿Cómo se llama tu padre/se llaman tus abuelos?

¿Cuántos años tiene tu hermano/ tienen tus primos?

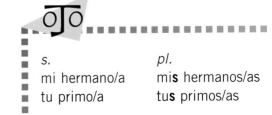

s.	*pl.*
mi hermano/a	mis hermanos/as
tu primo/a	tus primos/as

¿Cómo eres de carácter?

You will learn how to ...

✓ describe your own and someone else's character: *Soy extrovertida. Es sociable. A veces es perezoso.*

✓ ask people about their own and someone else's character: *¿Cómo eres? ¿Eres travieso? ¿Cómo es tu padre?*

✓ ask people who they get on with and say who you get on with: *¿Te llevas bien con tu hermana? No me llevo bien con mi padre.*

1a ¿Cómo son los jóvenes? Escucha y anota.
Ejemplo: 1 K

➤ **ADELANTE**

Escribe frases.
Ejemplo: 1 Es tímida.

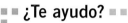 **¿Te ayudo?**

siempre
a veces
normalmente

A extrovertido/a
B hablador(a)
C simpático/a
D sociable

E formal
F trabajador(a)
G paciente

H travieso/a
I impaciente
J antipático/a

K tímido/a
L reservado/a
M perezoso/a

MAÑAS · **MAÑAS** · MAÑAS

Los prefijos

2a 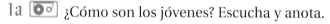 ¿Qué significan las palabras que comienzan así? Verifica en el diccionario.

des-	im-	anti-
agradable	paciente	simpático/a
desagradable	**im**paciente	**anti**pático/a

b Haz una lista de opuestos.
Ejemplo:

hablador(a)   reservado/a
agradable   ...

3a A ti te toca. Escoge cinco palabras para describirte.
Ejemplo: Creo que soy ...

b Escoge cinco palabras para describir a tu compañero/a.
Ejemplo: Mi amiga Susanne es ...

c Por turnos con tu compañero/a pregunta y contesta.
Ejemplo: ¿Cómo eres? ¿Eres paciente?
¿Cómo soy? ¿Soy trabajador(a)?

d ¿Estáis de acuerdo?

4a Lee la carta de Josu e identifica a las personas.

Hola. Me llamo Josu. Tengo catorce años. Mis padres están divorciados – vivo con mi madre. Tengo dos hermanas pequeñas. Son gemelas. También tengo un hermano mayor. Tiene diecisiete años.

Soy trabajador e inteligente. Me gusta leer y estudiar. Mi hermano Francisco es sociable y hablador. No trabaja mucho. Es bastante perezoso y le gusta más salir que hacer los deberes. Mis hermanas se llaman Conchita y Marisol. Conchi es muy extrovertida pero a veces es impaciente. No me llevo bien con ella. Marisol es muy simpática y agradable. Mi novia se llama Ana. Es bastante seria y tímida.

¿Cómo eres tú? ¿Cómo es tu familia? ¿Te llevas bien con ellos? ¿Tienes novio/a? ¿Cómo es?

Escríbeme pronto.

Josu

b Contesta a las preguntas.
1 ¿Cómo es Josu?
2 ¿Cómo son sus hermanas?
3 ¿Es trabajador su hermano?
4 ¿Quién es Ana?
5 ¿Es sociable?

ADELANTE

¿Qué opinas? ¿Cómo es la madre de Josu?

OJO

s.	pl.
su hermano/a	sus hermanos/as

5a Escucha y lee.
– ¿Te llevas bien con tu madre?
– Sí, me llevo bien con ella porque es muy simpática.
– ¿Y cómo te llevas con tu hermano mayor?
– Pues, regular.
– ¿Te llevas bien con tu hermana Conchita?
– No, no me llevo bien con ella.

b Practica el diálogo con tu compañero/a.

c A ti te toca. Por turnos con tu compañero/a pregunta y contesta.

¿Cómo es tu padre?
¿Te llevas bien con él?
¿Cómo te llevas con tu hermana?

d Inventa y graba un diálogo.

ADELANTE

Escribe el diálogo.

6 Escribe una carta o un email a Josu. Contesta a sus preguntas.

C26

¿Somos así?

You will learn how to …

✓ describe your physical appearance: *Soy delgada y bastante alta. Soy guapa.*

✓ say what someone else looks like: *Es bajo y muy gordo.*

✓ say what nationality you are and which country you are from: *Soy escocés. Soy de Escocia.*

✓ say what language(s) you speak: *Hablo inglés y español.*

1a 🔊 Escucha y lee. ¿Quién es?

> Soy bajo y muy, muy gordo. ¿Soy guapo, no?

> Soy muy alta y bastante delgada. Tengo la cara pequeña. ¡Qué fea!

> Somos muy bajos con caras grandes y feas.

> Somos altos y gordos. Tenemos las manos muy grandes.

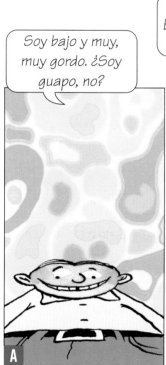

Frases claves

bastante	grande	pequeño/a
muy	alto/a	bajo/a
	gordo/a	delgado/a
	guapo/a	feo/a

b Por turnos con tu compañero/a pregunta y contesta.

A: ¿A, cómo es?
B: Es bajo y muy gordo. Tiene …

c Describe a un(a) compañero/a de clase o a un(a) profe.
Tu pareja adivina quién es.

2a Lee.

> Soy alta y morena. Tengo los ojos negros y bastante grandes.
> Tengo el pelo largo y rizado.
> Tengo buen sentido del humor y soy sociable.
> Soy guatemalteca, de la ciudad de Guatemala, y hablo dos idiomas: español y quiché.

Nerea

2b  Escucha. ¿A quién describe?

c ¿Verdad (✔) o mentira (✗)?

Soy bajo y bastante gordo.
Tengo los ojos azules y el pelo blanco.
Llevo gafas.
Soy trabajador y simpático, creo.
Soy vasco de la ciudad de Bilbao.
Hablo castellano y vasco.

José

Nerea
1 Es baja y morena.
2 Tiene el pelo corto.
3 Lleva gafas.
4 Tiene los ojos negros.

José
5 Es perezoso.
6 Vive en Guatemala.
7 Habla español.
8 Es guatemalteco.

ADELANTE

Corrige las frases incorrectas.

⊕RIÉNTATE

Nacionalidades y países

3 Mira las dos formas de nacionalidad: masculino y femenino.
Con tu compañero/a decide la regla de gramática.

	Nacionalidad		País

	inglés	inglesa	Inglaterra
	escocés	escocesa	Escocia
	irlandés	irlandesa	Irlanda
	galés	galesa	Gales
	francés	francesa	Francia
	español	española	España
	guatemalteco	guatemalteca	Guatemala

p.201

4a  Escucha y lee.

– Perdone, señor.
  ¿De qué nacionalidad es usted?
– Soy guatemalteco.
– ¿De qué país es usted?
– Soy de Guatemala.
– ¿Y qué idiomas habla?
– Hablo español y quiché.

b  Escucha y anota.

Nacionalidad	País	Idioma(s)
guatemalteco	Guatemala	español, quiché

OJO

Mira los idiomas y las nacionalidades.
¿Qué observas?

c Pregunta a cinco amigos/as. Rellena las casillas para ellos/as.

¿De qué nacionalidad eres?
¿De qué país eres?
¿Qué idiomas hablas?

5 A ti te toca. Escribe un autorretrato.
  ◆ ¿Pelo y ojos?   ◆ ¿País?
  ◆ ¿Carácter?   ◆ ¿Idiomas?
  ◆ ¿Nacionalidad?

C27

¿En qué trabaja?

You will learn how to …

✓ ask and say what jobs people do: *¿En qué trabaja tu padre? Es ingeniero. Mi hermano está en paro.*

✓ ask and say where people work: *¿Dónde trabaja un cartero? Trabaja al aire libre.*

1a 🔊 Escucha a seis jóvenes. Anota en qué trabajan sus familias.

Familia	Trabajo
1 madre	enfermera
hermano	camarero
2	

b Escribe frases completas.
Ejemplo: *1 Su madre es enfermera y su hermano es camarero.*

C cartero **D** cocinero/a

E médico

A camarero/a

B carnicero/a

I empleado/a

J basurero

F enfermero/a **G** ama de casa

H abogado/a

L carpintero

C ¿Qué significan estas palabras? Adivina.

policía profesor(a) secretaria
mecánico/a piloto periodista

2a ¿Dónde trabajan? Busca un lugar para cada empleo.
Ejemplo: *mecánico – taller*

K ingeniero/a

M está en paro

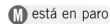

b 📖 Escribe frases completas.
Ejemplo: *Un mecánico trabaja en un taller.*

C Verifica tus respuestas con tu compañero/a.

A: ¿Dónde trabaja un carnicero?
B: Un carnicero trabaja en una tienda.

d 📖 Contrarreloj. Inventa más ejemplos.

en un taller	en un banco
en un hospital	en un colegio
en un restaurante	en un aeropuerto
en una tienda	en una oficina
al aire libre	en casa

3 Inventa un diálogo con tu compañero/a.

A: ¿En qué trabaja tu madre/tu hermana?
B: Es secretaria. Trabaja en una oficina.
A: ¿En qué trabaja tu padre/tu hermano?

Carolina

Trabajo muchas horas. Es duro, pero me encanta porque me gusta tratar con la gente vieja. Es importante siempre ser paciente y simpática – es muy difícil, pero mis colegas y yo somos buenos amigos y eso ayuda mucho. Hay que tener un buen sentido del humor.

No es un trabajo, es un modo de vida. Con los años que yo tengo es un trabajo muy difícil, sobre todo en el invierno. Creo que es importante mantener vivas las antiguas tradiciones y mi hijo continuará. Es un trabajo muy solitario, pero me encanta el mar.

Nacho y Pedro

Diana

Trabajo en una oficina grande. Somos una compañía internacional. En este trabajo es importante ser fuerte y determinada, pero a veces necesito mucha paciencia. Es muy interesante, me fascina, y me gusta ayudar a la gente. ¡Además, el sueldo no está mal!

Fernando

Mi trabajo es muy sucio pero no me importa. Me encantan los motores, así que me fascina trabajar en un taller. Hay que ser muy trabajador y bastante inteligente. ¡Es importante no cometer errores, claro!

4a Lee y escucha los textos.

b Busca las palabras importantes que no conoces en tu diccionario.

c ¿En qué trabaja cada persona?
1 ¿Carolina es profesora o enfermera?
2 ¿Nacho es carnicero o pescador?
3 ¿Diana es camarera o abogada?
4 ¿Fernando es piloto o mecánico?

d ¿Dónde trabajan?

A jugar
Limpiabotas utilizan la Plaza de la Constitución como cancha de fútbol, después de haber finalizado su tarea diaria, como una actividad que les permite olvidar, por momentos, su condición de pobreza.

ADELANTE

¿Cuáles son las características más útiles para ellos? Escribe una lista.

C28

1 🔊 Escucha a cinco jóvenes.
   ¿Qué opinas? ¿Cómo son?
   1 tímida/extrovertida/formal
   2 impaciente/reservado/hablador
   3 paciente/trabajador/sociable
   4 simpática/perezosa/seria
   5 antipático/inteligente/travieso

2a ¿Cómo es ...? Imagina y discútelo con tu
   compañero/a.
   ◆ el/la profe ideal   ◆ el/la estudiante
   ◆ el padre/la madre   ideal
     ideal   ◆ el hijo/la hija ideal
   ◆ el novio/la novia ideal ◆ el compañero/la
                              compañera ideal

b Escribe.
   Ejemplo: *Mi profe ideal es joven, simpático y*
   divertido.

3a ¿A quién se busca?

> ## SE BUSCA A
>
> un hombre muy bajo y bastante gordo.
> Tiene la cara pequeña y los ojos azules y
> pequeños.
> Tiene el pelo largo y blanco y barba también.
> Es bastante viejo y tiene seis hermanos.
> Es trabajador pero no muy inteligente.
> Pasa el tiempo libre durmiendo.

b Escoge a dos de estas personas.
   Escribe una descripción parecida.
   Tu compañero/a adivina quién es.

c Con tu compañero/a prepara y practica una
   entrevista con una de estas personas.
   Ejemplo: *¿Cómo es usted físicamente?*
                  ¿Cómo es de carácter?
                  ¿De qué nacionalidad es usted?
                  ¿Cuántos idiomas habla?

d Escribe el diálogo o grábalo en una casete.

¡Hola!

Me llamo Santiago. Tengo diecisiete años. Soy bastante alto y un poco gordo. Me gusta tocar la guitarra y salir con mi novia o con amigos. Mi novia es guapa y bastante alta con los ojos grandes. Es rubia y tiene el pelo largo y liso. Practico el ciclismo el fin de semana, y también juego al fútbol. En el colegio, soy miembro del club de arte dramático.

En casa, mi hermano y yo tenemos una gata. Es traviesa pero muy divertida. Se llama Bella. Vivo con mis padres y mi abuelita. (Es la madre de mi madre.) Mis padres a veces son muy estrictos, sobre todo mi padre, pero por lo general me llevo bien con ellos. Mi padre se llama Paco. Es empleado en una oficina grande. Mi madre se llama Mercedes. Es abogada. Dice que es un trabajo muy interesante, pero trabaja muchas horas. Es muy inteligente mi madre – habla francés e italiano porque su padre era de Italia. Creo que me parezco a mi abuela. Es muy simpática, muy sociable. Le gusta hablar con nosotros o con mis amigos.

4a Lee la carta de Santiago.

b Escoge las frases correctas.
1 Santiago tiene un hermano travieso.
2 Santiago tiene los ojos grandes.
3 Es guapo.
4 Su hermana se llama Bella.
5 Adora a su abuela.
6 Su madre es muy interesante.
7 Su abuelita es habladora.
8 Su padre es italiano.
9 Su madre es francesa.
10 Santiago es hijo único.
11 Se lleva bien con sus padres.

c Dibuja el árbol genealógico de Santiago. Escribe cómo se llaman las personas, en qué trabajan y cómo son.

d Escribe a Santiago. Contesta a estas preguntas.
1 ¿Cómo es tu familia?
2 ¿Cómo son físicamente? ¿Son altos o bajos? ¿Tienen el pelo moreno o rubio?
3 ¿En qué trabajan tus padres/hermanos? ¿Dónde?
4 ¿Te llevas bien con tu familia?
5 ¿Por qué? ¿Por qué no?
6 ¿A quién te pareces?

¿**A** quién **te** pareces?

Me pare**zco a** mi abuelo.

Me pare**zco a** mi abuela.

ARIES *Del 21.3 al 20.4*
Tienes un temperamento competitivo y determinado. Te gusta ganar y a veces eres impaciente. Tu mayor virtud es un buen sentido del humor.

TAURO *Del 21.4 al 21.5*
"Si se hace un trabajo, hay que hacerlo bien", ese es tu lema. Eres práctico, trabajador y tenaz, pero tienes una ira explosiva.

GEMINIS *Del 22.5 al 21.6*
Pensador e inteligente, ves las ventajas y desventajas de una tema con una perspectiva objetiva. Hablas de manera inteligente, divertida y a veces cáustica.

CANCER *Del 22.6 al 23.7*
Intuitivo, creativo y lleno de sensibilidad, consideras tus sentimientos antes de pensar. Tienes una actitud protectora pero a veces egoísta: te gusta coleccionar y recoger.

LEO *Del 24.7 al 23.8*
Cariñoso, simpático y seguro de sí mismo, al Leo le encanta dar. Te gusta reír, divertirte y recibir aplausos. ¿Tu peor defecto? A veces no escuchas a tus compañeros.

VIRGO *Del 24.8 al 23.9*
Tienes una personalidad organizada y perfeccionista. Tienes el instinto de ayudar, pero observas a otros con ojo crítico.

LIBRA *Del 24.9 al 23.10*
Justo, acertado, razonable y sociable, eres buen diplomático. Tienes muchos amigos y pocos enemigos porque tienes carisma y una personalidad dulce.

ESCORPION *Del 24.10 al 22.11*
¡Qué carácter tan complejo y enigmático! Positivo y poderoso, te encanta la aventura. Creativo, imaginativo y hermético, para tí es difícil dominar tus sentimientos profundos.

SAGITARIO *Del 23.11 al 21.12*
Eres optimista y divertido, y buscas el entendimiento. Tienes mucha ambición y pocos obstáculos, pero cuidado con la franqueza – a veces hace daño.

CAPRICORNIO *Del 22.12 al 20.1*
Sólido y serio, no te gusta tomar riesgos pero tienes mucha determinación a largo plazo. Organizado y autodisciplinado, siempre sales a flote.

ACUARIO *Del 21.1 al 19.2*
Inteligente, pensador de lo más original, eres fiel a tus convicciones pero casi nunca revelas tus secretos y sentimientos profundos.

PISCIS *Del 20.2 al 20.3*
Tienes un carácter distinto y complejo. Muy emotivo y simpático, sueles ocuparte de tu fuero interno.

a Lee el texto.

b Busca tu signo. ¿Estás de acuerdo?

c ¿Conoces a alguien de cada signo: hermanos/as, amigos/as, padres ...? ¿Estás de acuerdo con la descripción?

d ¿Qué opinas? ¿Quién se lleva bien con quién?

e Escoge un empleo adecuado para cada signo.

¡SE PRONUNCIA ASÍ!

Las consonantes B y V

vendedor(a)

veterinario/a

bailarín/ina

banquero/a

a Lee y pronuncia.

b 🔊 Escucha y verifica.

MAÑAS · MAÑAS · MAÑAS

El diccionario

Una entrada en el diccionario puede contener varias palabras y frases.

> **casa**   *n f* house; **en la** ~ at home; **una mentira como una** ~ a whopping great lie; ~ *or* **casita del perro** kennel

A veces contiene otras palabras de la misma familia:

> **casa** *or* **casita**

A veces contiene una frase entera:

> **una mentira como una casa**

Contrarreloj. Busca en tu diccionario:

suegra	hermanastro
familia de acogida	bisabuelo
tutor	trillizo

A TI TE TOCA

Por turnos con tu compañero/a pregunta y contesta.

¿Tienes primos/tíos?	Sí, .../No, ...
¿Cómo se llaman?	Se llaman ...
¿Cuántos años tienen tus abuelos?	Mi ... tiene ... y mi ...
¿Cómo eres físicamente?	Soy ...
¿Cómo eres de carácter?	Soy ... y a veces soy ...
¿Te llevas bien con tu hermano/a?	Sí, .../No, ...
¿Cómo es (de carácter)?	Es extrovertido/a / reservado/a y ...
¿Cómo es tu padre/madre (físicamente)?	Es alto/a / bajo/a y ...
¿De qué nacionalidad eres?	Soy ...
¿De qué país eres?	Soy de ...
¿Qué idiomas hablas?	...
¿En qué trabaja tu padre/madre?	Es ...
¿Dónde trabaja?	Trabaja ...

⇨ C30

GUATEMALA

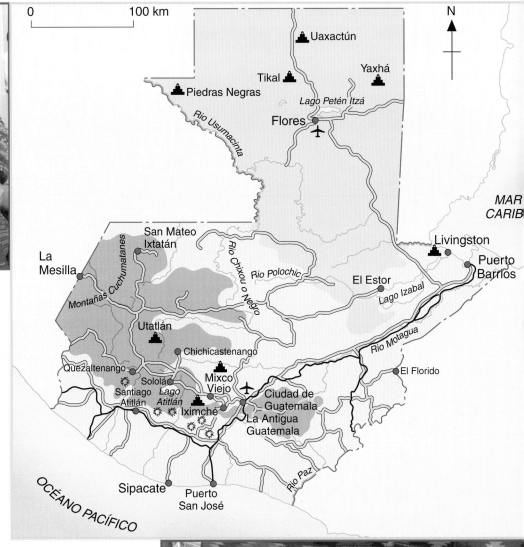

0   100 km

N

Uaxactún

Tikal
Piedras Negras

Yaxhá

Lago Petén Itzá

Flores

Río Usumacinta

MAR CARIB

San Mateo Ixtatán

La Mesilla

Montañas Cuchumatanes

Río Chixou o Negro

Río Polochic

Livingston

Puerto Barrios

El Estor

Lago Izabal

Utatlán

Chichicastenango

Río Motagua

Quezaltenango

Sololá

Mixco Viejo

El Florido

Santiago Atitlán

Lago Atitlán

Iximché

Ciudad de Guatemala

La Antigua Guatemala

Río Paz

OCÉANO PACÍFICO

Sipacate

Puerto San José

IDIOMAS

Español es el idioma oficial pero hay 21 en total: quiché, cakchiquel, mam, kekchi, ...

POBLACIÓN

La nación guatemalteca cuenta aproximadamente con diez millones de habitantes de variada composición étnica. Los indígenas representan el 50% de la población total, con 22 grupos étnicos de ascendencia directa maya.

AGRICULTURA

Productos para el consumo interior: cereales y legumbres. Productos para la exportación: café, algodón, tabaco, plátanos y caña de azúcar

INDUSTRIA

- refinerías de petróleo
- fábricas de neumáticos
- industrias de transformación de alimentos

NIRE HERRIA

Guatemala tiene 33 volcanes.

◈ TRABAJO

La mayor parte de los indígenas viven en las montañas. Cultivan maíz y verduras pero la tierra es difícil de cultivar. Por eso, familias enteras emigran a las tierras bajas durante parte del año y trabajan en las plantaciones de café y algodón.

Por lo general, los hombres trabajan el campo y las mujeres se ocupan de la familia. Todo el mundo, incluso los abuelos, hace artesanía, por ejemplo bordar o tallar máscaras y figuras.

◈ DEPORTES

Se puede ir de caminata, practicar la espeleología, ir en balsa en aguas rápidas ...

◈ ANIMALES

Este animal extraordinario se llama un pixote. Vive en la selva. En Guatemala hay muchos pájaros y animales bellos y extraordinarios: tucanes, loros, flamencos, ciervos, reptiles, armadillos ...

En la selva tropical hay ciudades en ruinas construidas hace unos 2.000 años por los mayas.

A

🖥 Investiga en el CD-Rom o en Internet ...

◆ ¿En cuántos países del mundo se habla español?

◆ Busca más datos sobre Guatemala:
¿comida?
¿clima?
¿música?

◆ Escoge e investiga otro país hispanoamericano.
Escribe unas frases sobre:
Idiomas
Población
Agricultura
Industria
Trabajo
Deportes
Animales

B

ENCUESTA

¿Cuántos idiomas diferentes se hablan en las familias de tu clase?

Ruinas mayas, Palenque, Méjico

Casas y viviendas

¿Dónde vives?

You will learn how to ...

✓ Ask and say where you and others live: *¿Dónde vives? Vivo en Bilbao en el norte de España.*

✓ Say who lives on which floor: *Sergio vive en el quinto piso.*

✓ Describe your or someone else's home: *Vivo en una casa en el campo. Tito vive en un apartamento en el centro.*

✓ Understand Spanish addresses and give your address.

1a 🔊 Escucha e identifica la foto.
Ejemplo: 1 D

b 🔊 Escucha otra vez y anota.
Ejemplo:

Nombre	Región	Vivienda	Dónde
Belén	norte	granja	en el campo

c Por turnos con tu compañero/a toma el papel de cada persona.

A: ¿Dónde vives?
B: Vivo en el norte.
A: ¿Vives en una casa?
B: No, vivo en una granja.
A: ¿Vives en el campo?
B: Sí, vivo en el campo.

ADELANTE ▷

Escribe unas frases sobre dos de estas personas.
Ejemplo: *Belén vive en el norte de España. Vive en ...*

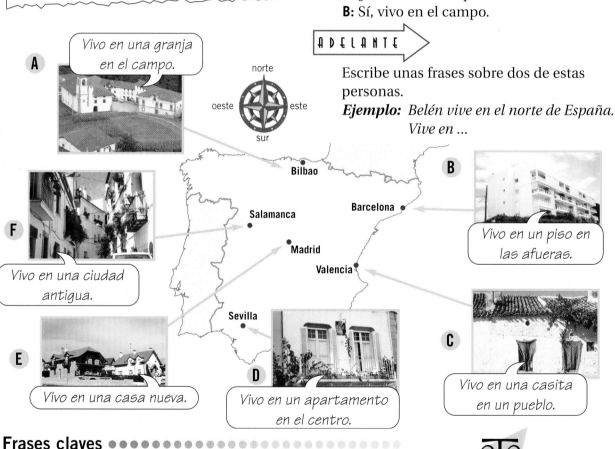

A — *Vivo en una granja en el campo.*

F — *Vivo en una ciudad antigua.*

B — *Vivo en un piso en las afueras.*

C — *Vivo en una casita en un pueblo.*

E — *Vivo en una casa nueva.*

D — *Vivo en un apartamento en el centro.*

(norte, oeste, este, sur)

Bilbao, Barcelona, Salamanca, Madrid, Valencia, Sevilla

●● Frases claves ●●●●●●●●●●●●●●●●●●●●●●●●●●●●

Vivo ... en un apartamento/un piso
en una casa
en una finca/una granja
en una casita
en el centro/en las afueras/en un barrio

en la ciudad
en la costa
en el campo
en un pueblo

👀 ▪▪▪▪▪

vivIR

vivo	vivimos
vives	vivís
vive	viven

2a  Escucha y lee.

> Edificio Jauregui 5° izq.
> 48003 Bilbao
> Vizcaya
> España
>
> ¡Hola! Vivo en el quinto piso con mis padres y mis dos hermanos. Vivimos en Bilbao en un barrio que se llama Atxuri. Es muy bonito. Mis abuelos viven en la planta baja porque son viejos. Tengo dos amigas que viven en mi edificio: Mirén vive en el tercer piso y Arantxa vive en el cuarto. No hay ni jardín ni garaje – es una lástima. Escribe pronto y mándame una foto de tu casa y tu barrio. Explica dónde está, con quién vives y dónde viven tus amigos.
>
> *Roberto*
>
> P.D. Mi número de teléfono o fax es el (94) 620 13 82 y mi email es rob245@bilbao.com. Mándame también tu número de teléfono y tu fax o email.

b Lee las frases. Di si son verdad o mentira.
1 Roberto vive en el cuarto piso.
2 Tiene tres hermanas.
3 Vive en un barrio bonito.
4 Sus abuelos ya no son jóvenes.
5 Atxuri vive en el edificio también.
6 Tiene un jardín bonito.

ADELANTE ▷

Corrige las frases incorrectas por escrito.

⊕RIÉNTATE
●●●●●●●●●●●●●●●●●●●●●● ▷ **p.200**

Los números ordinales

1	primer(o)/a	7	séptimo/a
2	segundo/a	8	octavo/a
3	tercer(o)/a	9	noveno/a
4	cuarto/a	10	décimo/a
5	quinto/a	11	número once
6	sexto/a	12	número doce

3 En qué orden numérico aparece tu nombre en la lista de la clase?
¿Y tus amigos/as, qué número tienen?
Escríbelos en orden.
Ejemplo: *Mi amiga Sally es la segunda en la lista.*

4a Escucha e identifica la dirección o el número de teléfono.
A C/ Simón Bolívar, N° 17, 48013 Bilbao
B Avda. Sabino Arana, 8 – 5° izq.
C Pza. Fco. Moyúa, 2 – 4° der.
D (94) 620 11 81

b Explica cómo se dice.
1 Tfno. (94) 617 91 54
2 C/ Ribera, 16, 48005 Bilbao
3 Pza. de Emilio Campuzano, N° 4
4 Avda. Manuel Allende, 12 – 3° der.

c  Escucha y escribe las direcciones y los números de teléfono.

5 A ti te toca. Di tu dirección y tu número de teléfono en español.
Grábalos en una casete, deletreando los nombres.

ADELANTE ▷

Escribe una carta a Roberto contestando a todas sus preguntas.

¿Qué hay en tu casa?

You will learn how to ...

✓ ask and say where the rooms in a house are: *¿Dónde está la cocina? La sala está en la planta baja. El baño está enfrente de mi habitación.*

✓ ask and say where people are: *¿Dónde estás? Estoy en segundo piso. Tito está en el jardín.*

✓ ask about and describe rooms: *¿Cómo es el comedor? El comedor es moderno.*

1a 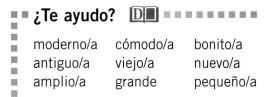 Escucha e indica donde está el fantasma.

b Por turnos con tu compañero/a toma el papel del fantasma.

A: ¿Dónde estás?
B: Estoy en el comedor.
A: Entonces estás en la planta baja.

⊕RIÉNTATE

•••••••••••••••••••••➤ p.195

El verbo *estar*

2a 🔲 ¿Sabes escribir las formas del verbo **estar**? Verifica en tu diccionario.

s.	pl.
(yo)	(nosotros)
(tú)	(vosotros)
(él/ella/usted)	(ellos/ellas/ustedes)

estamos	estoy	estáis
está	están	estás

b Empareja las respuestas con las preguntas.

1 ¿Dónde estás?   **A** Estamos en la terraza.
2 ¿Dónde están?   **B** Estoy en la cocina.
3 ¿Dónde estáis? **C** Tito está en la sala y Toño está en el jardín.

3a 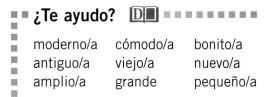 Escucha. Escribe una lista de los cuartos.

b Escucha otra vez y anota la descripción.
Ejemplo: 1 comedor – bonito

■■■ **¿Te ayudo?** 🔲 ■■■■■■■■■■

moderno/a	cómodo/a	bonito/a
antiguo/a	viejo/a	nuevo/a
amplio/a	grande	pequeño/a

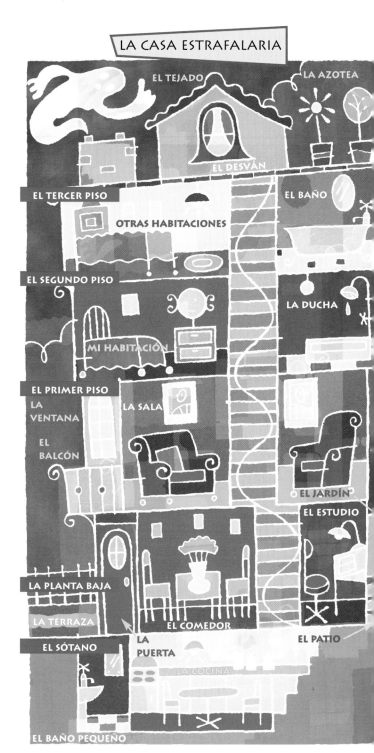

LA CASA ESTRAFALARIA

EL TEJADO · LA AZOTEA · EL DESVÁN · EL TERCER PISO · OTRAS HABITACIONES · EL BAÑO · EL SEGUNDO PISO · LA DUCHA · MI HABITACIÓN · EL PRIMER PISO · LA VENTANA · LA SALA · EL BALCÓN · EL JARDÍN · EL ESTUDIO · LA PLANTA BAJA · LA TERRAZA · EL COMEDOR · EL PATIO · EL SÓTANO · LA PUERTA · LA COCINA · EL BAÑO PEQUEÑO

4 Lee.

¡Hola! Esto es un plano de mi apartamento. Es muy cómodo y moderno, pero los muebles son antiguos. La sala es pequeña y bonita y el comedor es amplio. Tiene un balcón con flores. Delante del edificio hay una terraza y el patio está detrás de la cocina. Tenemos dos baños: uno pequeño al lado del comedor y otro entre la habitación principal y la habitación de mi hermano. Mi habitación está enfrente y es muy pequeña pero me gusta mucho.

Roberto

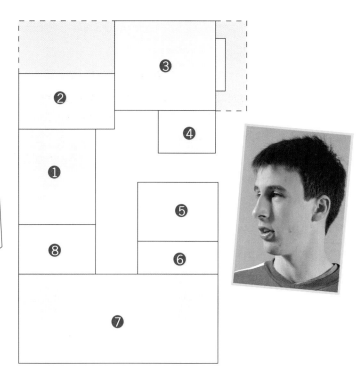

ÓRIÉNTATE

p.192

Las preposiciones

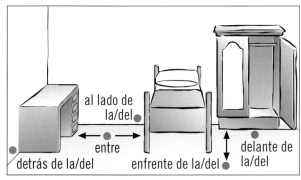

al lado de la/del

entre

detrás de la/del   enfrente de la/del   delante de la/del

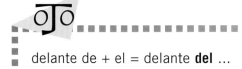

delante de + el = delante **del** ...

5 Busca las preposiciones en el texto de la actividad 4. Escribe una lista.

6a Identifica los cuartos en el plano.
Ejemplo: 1 = la sala

b ¿Dónde está ...
1 la terraza?   2 el baño pequeño?
3 la cocina?   4 el comedor?

■ ■ ¿Te ayudo? ■ ■ ■ ■ ■ ■ ■ ■ ■ ■ ■ ■ ■ ■

¿Dónde está ...?   ¿Cuáles son?
¿Cómo es ...?   ¿Cómo son?
¿Cuántos cuartos hay? ¿Dónde están?

7a De espaldas con tu compañero/a.
A: *Dibuja y describe tu apartamento imaginario.*
B: *Dibuja el apartamento.*

b ¡Verificad el resultado!

8 A ti te toca. Haz un diálogo con tu compañero/a y grábalo en una casete.
A: En tu casa ¿cómo es la cocina?
B: La cocina es moderna y bonita.
A: ¿Tienes jardín?
B: Sí, tenemos un jardín pequeño./ No, no hay jardín.

¿Hay jardín?
Sí, hay **un** jardín pequeño.
No, no hay jardín.

Escribe una breve descripción de la casa estrafalaria o inventa otra casa parecida.
Ejemplo: La casa tiene X pisos.
Hay X cuartos: el ..., la ...

¿Te gusta tu habitación?

⑤

You will learn how to ...

✓ ask people what they have in their room: *¿Qué tienes/hay en tu habitación?*

✓ say what you have/haven't got in your room: *En mi habitación tengo/hay una mesita y un sillón. No tengo/hay ordenador.*

✓ ask and say where things are: *¿Dónde está la cama? Los libros están encima de la mesa.*

✓ describe your things: *Mi alfombra es roja y bonita.*

MUEBLES PARA LA HABITACIÓN JUVENIL

un escritorio

un armario

una mesita

una cama

un cojín

una silla

un radiocasete

un ordenador

una estantería

un sillón

un póster

una lámpara

una mesa

una alfombra

1a 📖💻 Empareja las etiquetas con los muebles.

b 🎧 Escucha a Rosario, Javier y Virgi. Anota lo que tiene cada persona en su habitación.
Ejemplo: Rosario – A, I, J, ...

c ¿Qué es lo que no tiene cada persona? Escribe una lista.
Ejemplo: Rosario – ordenador, cojín, ...

2 Por turnos con tu compañero/a pregunta y contesta.

A: ¿Tienes una cama en tu habitación?
B: Sí, tengo una cama.
A: ¿Dónde está?
B: Está debajo de la ventana, junto a la puerta.
A: ¿Tienes un ordenador?
B: No, no tengo ordenador.

ADELANTE ➡

Escribe unas frases para cada persona.
*Ejemplo: En su habitación Rosario tiene
... y ... pero no tiene ... ni ...
Hay ... pero no hay ...*

OJO

📖💻

debajo de la/del	encima de la/del
junto a la/al	sobre

3a 🔊 Lee y escucha las instrucciones.

> Pon ...
> **este** cojín debajo de la ventana.
> **esta** mesita junto a la cama.
> **ese** ordenador encima del escritorio.
> **esa** silla delante de la mesa.
> **aquel** sofá sobre **aquella** alfombra.

b Tapa las instrucciones. Escucha otra vez y señala los muebles mencionados. ¿Qué significan *este/esta, ese/esa* y *aquel/aquella*?

✛RIÉNTATE

p.189

Los adjetivos demostrativos

	m.	f.
s.	este, ese, aquel	esta, esa, aquella
pl.	estos, esos, aquellos	estas, esas, aquellas

5a Di dónde están los muebles.

5b Los muebles no están en su sitio correcto. Reorganízalos. Da las instrucciones.
Ejemplo:
Pon este escritorio debajo de la ventana.
Pon ese ordenador encima de la mesa.

4 Mira el dibujo de arriba. Copia y completa.

    1 ... cojín está junto a la mesita.
    2 ... alfombra está entre la cama y el armario.
    3 ... ordenador está encima del escritorio.
    4 ... cama está detrás de la mesa.
    5 ... lámparas están encima de la mesita.
    6 ... silla está delante del sillón.

MAÑAS · **MAÑAS** · MAÑAS

Al escuchar y anotar

6a ¿Qué significan estas abreviaturas? Adivina.
Ejemplo: *apto. = apartamento*

apto.	avda.	bño.	jard.	terr.	coc.	gar.
tfno.	izq.	hab.	com.	balc.	pisc.	

b 🔊 Escucha y anota las abreviaturas de las palabras que oyes.

7 A ti te toca. Haz un diálogo con tu compañero/a y grábalo.

▪ ▪ ▪ **¿Te ayudo?** ▪ ▪ ▪ ▪ ▪ ▪ ▪ ▪ ▪ ▪ ▪ ▪ ▪ ▪

¿Qué tienes en tu habitación?   ¿Dónde está?
¿Tienes ...?   ¿Cómo es?
¿Hay ...?   ¿De qué color es?

⇨ C33

¿Qué tienes que hacer?

You will learn how to ...

✓ ask and say what you and others have to do at home: *¿Qué tienes que hacer en casa? Tengo que limpiar mi habitación. Roberto tiene que sacar la basura.*

✓ ask and say what you and others are doing: *¿Qué estás haciendo? Estoy poniendo la mesa. Arantxa está quitando el polvo.*

✓ ask and say what you and others do: *¿Qué haces en tu habitación? Duermo, juego, toco la guitarra.*

1a 🔊 Escucha e identifica.

ÓRIÉNTATE

●●●●●●●●●●●●●●●●●●●●●➤ **p.194**

Obligación

tener que + *infinitivo*

tengo		
tienes		pas**ar**
tiene		
tenemos	que	recog**er**
tenéis		
tienen		escrib**ir**

b Mira los dibujos. Por turnos con tu compañero/a pregunta y contesta.

A: ¿Qué tienes que hacer en casa?
B: Pues yo tengo que ...

c Escucha otra vez y anota lo que tienen que hacer Roberto y Arantxa.

Roberto	Arantxa
sacar la basura	pasar la aspiradora

d Explica lo que tiene que hacer o Roberto o Arantxa.
Ejemplo: *Roberto tiene que sacar la basura ... Arantxa tiene que pasar la aspiradora ...*

2 💿 A ti te toca. ¿Qué tienes que hacer cada semana? Escribe frases.
Ejemplo:
Todos los días tengo que ...
El lunes ...

●● **Frases claves** ●●●

- siempre
- todos los días
- dos veces a la semana
- cada semana
- a veces
- nunca

Tengo que ...

A — hacer las compras
B — poner la mesa
— pasar la aspiradora
C — quitar el polvo
D
E — recoger los libros
F — pasear el perro
G — sacar la basura
H — fregar los platos
I — limpiar el coche
J — hacer la cama

3a Mira el dibujo. Imagina que eres o Roberto o Arantxa. Por turnos con tu compañero/a di lo que estás haciendo.

> *Estoy quitando el polvo.*

> *Estamos recogiendo los libros.*

b Por turnos con tu compañero/a pregunta y adivina.

A: ¿Qué estás haciendo?
B hace la mímica.
A: Estás quitando el polvo.

c Mira el dibujo otra vez durante dos minutos. Ahora cierra el libro y escribe una lista de lo que está haciendo Roberto o Arantxa.
Ejemplo: *Roberto está fregando ...*

d Verifica tu lista con el libro abierto.

ARANTXA

ROBERTO

◆RIÉNTATE

p.195

El presente continuo

estoy		
estás	pas**ando**	*(ver p.44)*
está		
estamos	recog**iendo**	
estáis		
están	escrib**iendo**	

dormir

d**ue**rmo	dormimos
d**ue**rmes	dormís
d**ue**rme	d**ue**rmen

Ver p.41 y p.44

	nunca	casi nunca	a veces	a menudo	siempre
Duermo		en la silla	en el sillón		en la cama
Escucho	la radio		el Walkman	los compacts	
Juego		con el ordenador	los videojuegos		
Toco	la guitarra	el piano		la batería	
Leo	libros	el periódico		revistas	tebeos
Veo		la tele		películas de vídeo	
Hago			los deberes	la cama	
Como	golosinas	chocolates	bombones		
Recojo		mis cosas	mis libros		

4a 🔲 Mira el gráfico.

b 🔘 Escucha a Mirén. ¿Es verdad (✓) o mentira (✗) lo que dice?
Ejemplo: *1 (**Siempre** recojo mis libros)* ✗

5 A ti te toca. Por turnos con tu compañero/a.

A: ¿Tocas la guitarra en tu habitación?
B: No, no toco la guitarra en mi habitación.
A: ¿Escuchas la radio en tu habitación?
B: Sí, a veces escucho la radio.

ADELANTE

1a Escucha a seis jóvenes describiendo donde viven. Copia y completa la brújula.

b Escucha otra vez. Busca y señala las ciudades en el mapa de América Latina.

c ¿Les gusta vivir allí? ¿Por qué? Escribe.

¿Te ayudo?

noreste
noroeste
sureste
suroeste

2a Copia y completa las frases con **es** (del verbo **ser**) o **está** (del verbo **estar**).

OJO

Si puedes preguntar *¿Qué es?* o *¿Cómo es?* hay que usar el verbo **ser**.
Si puedes preguntar *¿Dónde está?* hay que usar el verbo **estar**.

1 Bilbao ... en el norte de España y ... muy bonito.
2 Sevilla ... la capital de Andalucía y ... en el sur de España.
3 Cuzco ... una ciudad muy antigua y ... a 3.500 metros en los Andes peruanos.
4 La Paz ... la capital más alta del mundo y ... en Bolivia.
5 Mi apartamento ... en el tercer piso y ... muy moderno.
6 El cuarto de baño ... verde y ... al lado de mi habitación.
7 El sótano ... debajo de la cocina y ... muy pequeño.
8 La azotea ... muy bonita y ... encima de la casa.

b Escucha y verifica tus respuestas. Corrige las respuestas incorrectas.

3 Por turnos con tu compañero/a juega con un mapa.

A: ¿Dónde está Madrid?
B: Está en el centro de España.
A: ¿Cómo es?
B: Es la capital. Es moderna/antigua/grande/ bonita/interesante.

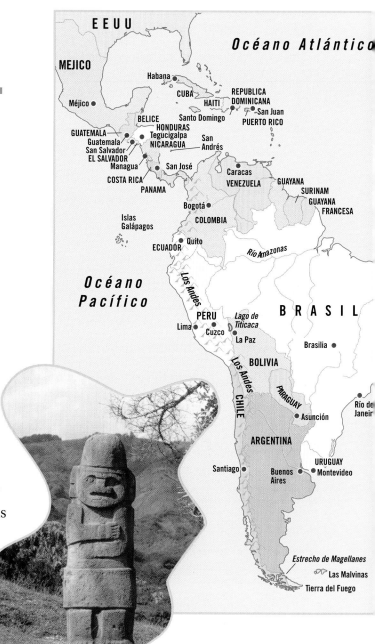

4a Lee el folleto sobre Bilbao.

Bilbao

Bilbao – Bilbo en euskera – es la ciudad más grande de la región autónoma del País Vasco – Euskadi – pero no es la capital. La capital se llama Vitoria y está a 50 kilómetros al sur de Bilbao. Bilbao es una ciudad industrial, comercial y marinera. Está situada junto al río Nervión, a orillas del Océano Atlántico. Tiene un puerto grande – Santurtzi – de donde salen barcos para Southampton y Portsmouth en Inglaterra. También tiene metro y aeropuerto y es famosa hoy en día por el nuevo Museo de Arte Guggenheim.

Hay montes altos y valles en las afueras. Hacia el oeste están los Picos de Europa, las montañas más viejas de Europa. Hacia el este y no muy lejos está el pueblo antiguo de Guernica.

b Escribe un texto parecido sobre tu ciudad o barrio.

5a Di a tu compañero/a lo que tiene que hacer.
Ejemplo: Tienes que sacar la basura.

b Ahora dale la orden.
Ejemplo: Saca la basura.

c Escribe lo que está haciendo tu compañero/a.
Ejemplo: Está sacando la basura.

6a ¿*Este, ese* o *aquel*? Escribe unas instrucciones.
Ejemplo: Pon esta cama en la habitación.

b 🔊 Escucha y verifica.

ESPACIO LIBRE

La casa desordenada

Estribillo
La casa está en desorden
La casa está en desorden
La casa está en desorden
La tenemos que organizar

Estrofa 1
Pon esta mesa aquí – así
Pon estas sillas acá – asá
Pon ese cojín allí – así
Pon esos pósters allá – asá

Inventa más estrofas para la canción.

¡SE PRONUNCIA ASÍ!

🔊 ¿Dónde se acentúa?

Si la palabra termina en **vocal**, **'s'** o **'n'**, el acento va NORMALMENTE en la penúltima sílaba:

bólso **puér**ta **háb**lan **grá**cias

Si la palabra termina en **consonante** (excepto **'s'** o **'n'**), el acento va NORMALMENTE en la última sílaba:

a**zúl** profe**sór**

Si la palabra **no sigue la regla**, hay que añadir un ACENTO ESCRITO:

a**quí** si**llón** a**diós** te**lé**fono **Má**laga

Copia estas palabras.
Decide si llevan acento escrito o no.
Indica los acentos en colores.

facil	dificil	lapices
util	utiles	marron
marrones	azules	jardin
decimo	primero	pais
jovenes		

MAÑAS · MAÑAS · MAÑAS

Telarañas de vocabulario

a Mira el ejemplo.

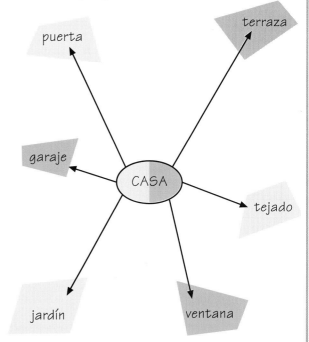

b Ahora inventa otros ejemplos con la palabra MUEBLES o PAIS.

Los Cocolocos

A TI TE TOCA

Por turnos con tu compañero/a pregunta y contesta.

¿Dónde vives? ¿Cuál es tu dirección?
¿Cuál es tu número de teléfono?
¿Qué hay en tu casa?
¿Cómo es tu casa?
¿Qué tienes en tu habitación?

¿Dónde está la cama?
¿Qué tienes que hacer en casa?
¿Qué haces normalmente?
¿Qué estás haciendo ahora?
¿Cuánto tiempo pasas escuchando música?

Vivo en ...
Mi ...
En mi casa hay ... y ...
Mi casa es ... y ...
En mi habitación tengo ... y ...
No hay ...
La cama está ...
Tengo que ... y ...
Hago la cama y ...
Estoy estudiando y ...
Paso ...

UNAS VIVIENDAS DIFERENTES

Caserío – granja aislada en la provincia vasca

Na – típica choza maya que data desde hace 4.000 años.

Casa de pescadores a orillas del mar

Estilo colonial de Antigua

A

ENCUESTA: ¿DÓNDE VIVEN?

Mira las fotos y lee los textos.
Con tu compañero/a:

◆ decide las categorías

◆ formula las preguntas
◆ reúne los datos
◆ 🖥 preséntalos de forma gráfica
◆ explica el resultado

Ejemplos:
casa: ¿individual/adosada/chalet?
edificio: ¿cuántos pisos?

¿Vives en ...?

Diez personas de cada treinta
(10/30) viven en .../
Un tercio (1/3) vive en .../
El treinta y tres por ciento (33%) vive en ...

Balcones típicos de madera, Potes

Antoni Gaudí i Cornet
<u>Nace</u> en 1852 en Reus, Cataluña, y <u>muere</u> trágicamente en 1924, atropellado por un tranvía, pobre y desconocido a la edad de 74 años. Sus padres son forjadores – trabajan con hierro – y Gaudí <u>usa el hierro en concreto</u> para construir edificios, parques y monumentos con formas raras y estrafalarias. <u>Su estilo</u> se llama **Neobarroco**. Tiene una orginalidad incomparable aun hoy en día.

B 🌀🌀🌀🌀🌀

Investiga
◆ Busca en el CD-Rom o en Internet informes sobre Ricardo Bofill y Efraín Recinos.
◆ Escribe dos textos cortos parecidos. Apunta sus fechas importantes y describe su estilo.
◆ Investiga y escribe otro texto corto sobre una casa grande en tu barrio.

ETXEAK

El Feng Shui y tú

Deja entrar la luz, la armonía y el orden en tu vida – el 'chi' de la filosofía china. Mira los colores en tu cuarto. ¿Te gustan? ¿Qué impacto tienen? ¿Te dejan triste o feliz – de mal humor o contento/a? ¿Qué hay en el cuarto? ¿Muchas cosas innecesarias, demasiada basura? ¿Qué tienes que hacer para cambiarlo?

Coloca los muebles paralelos a las paredes para crear concordancia y simplicidad. Evita siempre los obstáculos. La clave consiste en ubicar correctamente el mueble más importante – la cama en la habitación, el sofá en la sala – y todo lo demás se ubica en relación al mueble principal. El espejo toma un papel fundamental: da ilusión de profundidad y crea simetría, amplifica el 'chi' positivo y rechaza el 'cha', fuerza negativa. Las puertas y ventanas nunca deben estar cerca de las esquinas de un cuarto, pues el 'chi' se escapa.

El 'chi' del año de tu nacimiento es el de tu carácter básico. El 'chi' tiene cinco elementos: Agua, Madera, Fuego, Tierra y Metal.

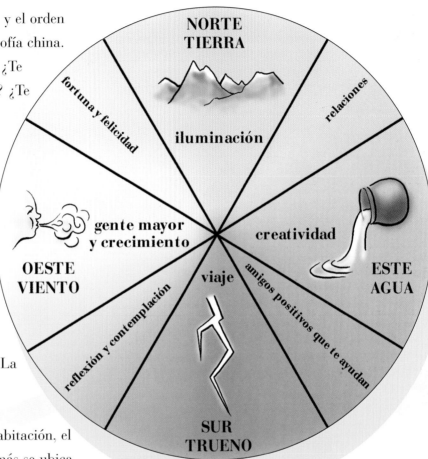

◆ Haz una lista de los muebles que hay en tu habitación. ¿Son esenciales? Escribe una lista de lo esencial. Por turnos con tu compañero/a pregunta y contesta.
A: ¿Qué hay en tu habitación?
B: Hay una cama.
A: ¿Es algo esencial?
B: Yo creo que sí.

◆ Dibuja dos cuadros.
En el cuadro 1 dibuja los muebles de tu habitación.
En el cuadro 2 coloca los muebles según los principios del Feng Shui.
Describe lo que hay en cada zona y cómo refleja tu personalidad.

¿Qué sueles hacer?

You will learn how to ...

✓ ask people about their daily routine: *¿A qué hora te levantas?*
   ¿Qué haces por la mañana?
✓ describe your day: *Me levanto a las siete y media. Suelo tomar un café.*
✓ ask and answer questions about someone else's routine:
   ¿Qué suele hacer por la noche? Cena con su mujer.

Se acuesta.

Va al trabajo.

Vuelve a casa.

Se ducha.

Toma el desayuno.

Bebe un café.

Se viste.

Se lava los dientes.

Se levanta.

Cena con su mujer.

1a La rutina del señor Pipón está en desorden.
Busca una frase para cada dibujo.
Ejemplo: *A – Se levanta.*

b 🎧 Escucha y anota a qué hora hace cada
cosa.
Ejemplo: *A – Se levanta a las ocho.*

■■■ ¿Te ayudo? ■■■■■■■■■■■■■■■■■

a las seis en punto   a eso de las seis

c Por turnos con tu compañero/a.

   A: ¿A qué hora se acuesta?
   B: Se acuesta a las ...

d ¿Qué hace el señor Pipón ...

   ◆ por la mañana?
   ◆ por la tarde?
   ◆ por la noche?

e Pon su rutina en orden y escríbela.

ÓRIÉNTATE

p.194

Los verbos reflexivos

levantarse

(yo)	**me** levanto
(tú)	**te** levantas
(él/ella/usted)	**se** levanta
(nosotros)	**nos** levantamos
(vosotros)	**os** levantáis
(ellos/ellas/ustedes)	**se** levantan

OJO

vestirse	acostarse
me v**i**sto	me ac**ue**sto
te v**i**stes	te ac**ue**stas
se v**i**ste	se ac**ue**sta
nos vestimos	nos acostamos
os vestís	os acostáis
se v**i**sten	se ac**ue**stan

2a Busca los siete verbos reflexivos en el texto de **1a**.

b [DB] Escribe los infinitivos.

3a Lee.

b [◉] Escucha. ¿Quién habla?

B
Por la mañana suelo tomar un café con leche.
A eso de la una mi colega y yo tomamos una copa.
A veces voy a una pastelería antes de volver a casa a las seis.
Por la noche ceno en casa o tomo unas tapas con una amiga.

A
Por la mañana desayuno a las siete y media.
A la una y media como en el comedor del colegio.
Por la tarde como un bocadillo cuando vuelvo del colegio. Ceno con mi familia a eso de las nueve y media.

C
Desayuno a las ocho: café con leche y pan.
Suelo beber dos o tres cafés por la mañana.
A las dos como en un restaurante.
Por la noche suelo cenar con mi mujer.

c Con tu compañero/a escribe preguntas para entrevistar a una de estas personas.

Ejemplo:

¿Qué hace(s) por la mañana?
¿Qué suele(s) hacer por la tarde?
¿A qué hora cena(s)?

OJO

¿**tú** o **usted**?

■■ ¿Te ayudo? ■■■■■■■■■■■■■

Me levanto	a las seis
Suelo levantarme	
Ceno	con mi familia
Suelo cenar	

d Graba o escribe la entrevista.

4a A ti te toca. Por turnos con tu compañero/a pregunta y contesta.

A: ¿A qué hora te levantas?
B: Me levanto a las …
A: ¿Qué haces por la tarde?

b ¿Cómo es tu rutina diaria? Escribe unas frases.

 C37

¿Qué haces los fines de semana?

You will learn how to ...

✓ say what leisure facilities there are where you live: *En Bilbao hay bares, cines y una catedral. También tenemos varios museos de arte.*

✓ say what you and others are going to do: *Voy a jugar al tenis. Va a pasear el perro. Vamos a ir al parque.*

✓ ask people what they are going to do: *¿Qué vas a hacer esta noche? ¿Adónde vais el fin de semana que viene?*

1a 🔲 Lee y escucha.

Me gusta vivir en Bilbao porque hay mucho que hacer. Vivo en el centro de la ciudad, que es muy antiguo. Hay bares, restaurantes, cines, un mercado, y la catedral, que es muy interesante. También tenemos un teatro y varios museos de arte.

Además tenemos dos polideportivos. El Fango está cerca de mi casa y a veces practico la natación allí. Hay también 'la catedral del fútbol', es decir, el estadio donde juega el equipo de Bilbao. Pero a mí no me interesan mucho los deportes. Prefiero salir con mis amigos.

El sábado me levanto a las nueve. Por la mañana tengo que ayudar en casa – pasar la aspiradora o hacer compras. Por la tarde suelo salir con amigos. Siempre vamos al centro comercial. Por la noche prefiero ir al cine o a una cafetería.

El domingo me gusta ir al parque Arenal. Por la mañana se puede escuchar la banda municipal. Suelo encontrar a mis amigos allí para hablar, dar un paseo por el parque ... Normalmente paso la tarde en casa, estudiando, haciendo los deberes. Me acuesto a las diez y media.

El domingo que viene voy con mis padres a visitar a mi abuela porque es su cumpleaños. Vamos a comer en un restaurante con toda la familia.

b ¿Qué hace Arantxa normalmente los fines de semana?
Copia y completa.

	mañana	tarde	noche
sábado			
domingo			

ADELANTE

Escribe frases completas.

c ¿Qué hay en Bilbao para los jóvenes?
Escribe una lista de los lugares que menciona Arantxa.

1d  ¿Qué más hay en Bilbao? Escucha y anota lo que oyes mencionar.

e ¿Qué hay para los jóvenes en tu barrio? ¿Qué sueles hacer los fines de semana? Escribe unas frases.

⊕RIÉNTATE

•••••••••••••••••••• ➤ **p.196**

ir a + infinitivo

(yo)	voy		visitar ...
(tú)	vas		tomar ...
(él/ella/usted)	va	a	dar un paseo ...
(nosotros)	vamos		escribir ...
(vosotros)	vais		hacer ...
(ellos/ellas/ustedes)	van		escuchar ...

2a  Escucha. ¿Qué van a hacer?
Ejemplo: 1 A

▷ **ADELANTE**

Escribe frases completas.

b Por turnos con tu compañero/a.

A: ¿Qué vas a hacer?
B: Voy/Vamos a tomar un café.
A: Es el dibujo A.

c Juega en clase o en grupo.

A: ¿Qué vais a hacer?
B: Vamos a dar un paseo. ¿Qué vais a hacer?
C: Vamos a dar un paseo y escuchar música.

3a Lee el texto de Arantxa otra vez.
¿Qué va a hacer el domingo que viene?
Ejemplo: El domingo va a ...

b  Escucha su contestador automático.
- ¿Quién habla?   - ¿Cuándo?
- ¿Adónde va?   - ¿Qué va a hacer?

▷ **ADELANTE**

¿Con quién?
Ejemplo: 1 Roberto. Va al polideportivo esta tarde. Va a jugar al fútbol (con su hermano y sus amigos).

A discoteca
B monumentos
C mercado
D plaza de toros
E tiendas
F puerto
G hospital
H universidad

4 A ti te toca. Por turnos con tu compañero/a pregunta y contesta.

¿Qué vas a hacer esta noche?

¿Adónde vas el fin de semana que viene?

¿Y el sábado por la mañana/tarde/noche?

¿Qué vas a hacer? ¿Por qué?

▷ **ADELANTE**

Escribe los diálogos o grábalos en una casete.

▷ **C38**

¿Por dónde se va a ... ?

You will learn how to ...

✓ discuss where you want to go: *¿Quieres ir a la piscina esta tarde? ¿Por qué no vamos a la cafetería?*

✓ ask for directions: *¿Está lejos la piscina? ¿Por dónde se va al museo?*
   ¿Hay una oficina de turismo por aquí?

✓ give directions: *Coge la tercera calle a la izquierda. Doble a la derecha.*

1a 🔊 Escucha y lee.

– Dígame.
– ¡Hola, Arantxa! Soy Belén. ¿Quieres ir a la piscina esta tarde?
– No, gracias. No tengo ganas.
– ¿Qué vamos a hacer entonces?
– ¿Por qué no vamos a la cafetería?
– Sí, buena idea.

b Practica el diálogo con tu compañero/a.

c Inventa otro diálogo parecido.

2a 🔊 Escucha y lee.

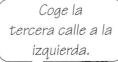
Coge la tercera calle a la izquierda.

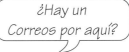
¿Hay un Correos por aquí?

Sube hasta la Plaza Nueva. Está a unos cinco minutos.

¿Por dónde se va a la biblioteca?

ORIÉNTATE

●●●●●●●●●●●●●●●●●●●●●●●● ▶ **p.198**

Los imperativos

	dobl**AR**	cog**ER**	sub**IR**
(tú)	dobla	coge	sube
(usted)	doble	coja	suba

OJO

esta cerca   está lejos

¿Está lejos la oficina de turismo?

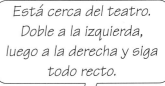
Está cerca del teatro. Doble a la izquierda, luego a la derecha y siga todo recto.

b Practica los diálogos con tu compañero/a.

c ¿Se dice *tú* o *usted*? ¿Por qué?

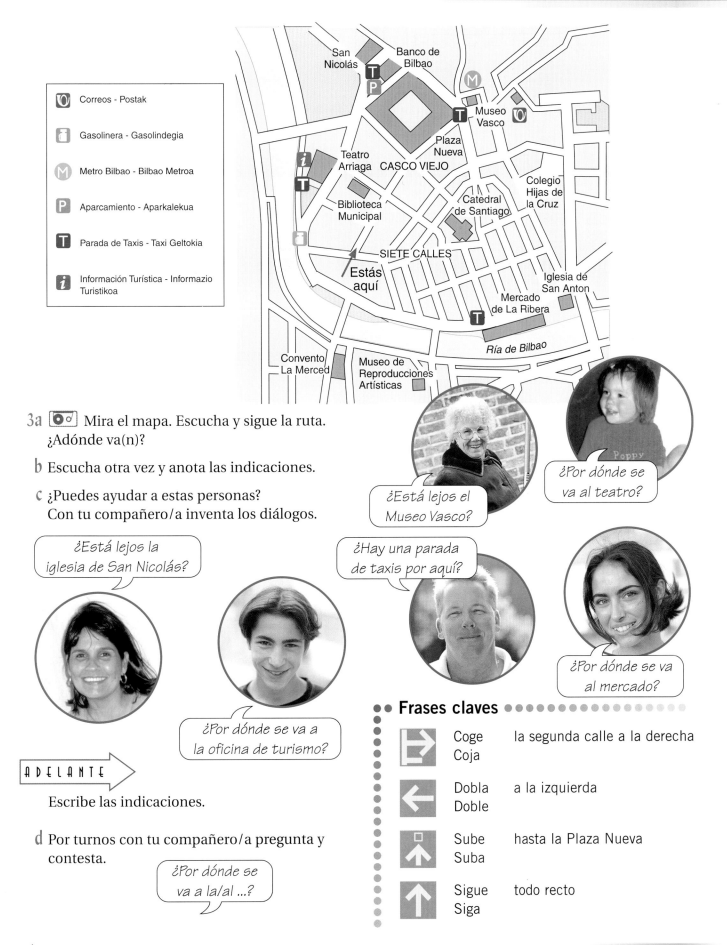

San Nicolás
Banco de Bilbao
Museo Vasco
Plaza Nueva
CASCO VIEJO
Teatro Arriaga
Colegio Hijas de la Cruz
Biblioteca Municipal
Catedral de Santiago
SIETE CALLES
Estás aquí
Iglesia de San Anton
Mercado de La Ribera
Ría de Bilbao
Convento La Merced
Museo de Reproducciones Artísticas

Correos - Postak

Gasolinera - Gasolindegia

Metro Bilbao - Bilbao Metroa

Aparcamiento - Aparkalekua

Parada de Taxis - Taxi Geltokia

Información Turística - Informazio Turistikoa

3a Mira el mapa. Escucha y sigue la ruta. ¿Adónde va(n)?

b Escucha otra vez y anota las indicaciones.

c ¿Puedes ayudar a estas personas? Con tu compañero/a inventa los diálogos.

¿Está lejos el Museo Vasco?

¿Por dónde se va al teatro?

¿Está lejos la iglesia de San Nicolás?

¿Hay una parada de taxis por aquí?

¿Por dónde se va al mercado?

¿Por dónde se va a la oficina de turismo?

ADELANTE

Escribe las indicaciones.

d Por turnos con tu compañero/a pregunta y contesta.

¿Por dónde se va a la/al ...?

●● **Frases claves** ●●●●●●●●●●●●●●●●●●●●

	Coge Coja	la segunda calle a la derecha
	Dobla Doble	a la izquierda
	Sube Suba	hasta la Plaza Nueva
	Sigue Siga	todo recto

¿Tienes hambre? ¿Tienes sed?

You will learn how to …

✓ say you are hungry or thirsty: *Tengo hambre. Tengo sed.*

✓ say what you'd like: *Me apetece un bocadillo de queso. Quiero una Coca-Cola.*

✓ ask people what they want: *¿Qué quieres? ¿Qué vas a tomar?*

✓ order food in a cafetería: *¡Oiga camarero/a! Me pone una ración de patatas fritas, por favor.*

– ¡Oiga, camarero!
– Sí, dígame.
– Me pone un bocadillo de queso, por favor.
– ¿Y para beber?
– Un café con leche.

– ¿Algo más?
– Sí, para mí una ración de patatas fritas y una Coca-Cola.
– Enseguida.

Menú

Pizzas a tu gusto:

Margarita queso y tomate 4,50
  + ingredientes a €0,60 cada uno:
  jamón, bacon, salami, pepperoni, atún,
  anchoas, champiñones, cebolla, aceitunas,
  pimiento verde, salsa picante

Hamburguesa (con salsa barbacoa o mostaza) 3,90
Tortilla española 3,60
Patatas fritas 1,80
Ensalada verde 1,80
Bocadillo:
  de queso o atún 3,70
  de jamón o chorizo 3,90
  de pollo 4,00

Helado (de chocolate, fresa,
  frambuesa o vainilla) 1,60

Bebidas:
  Coca-Cola, Fanta (naranja o limón),
  limonada, zumo de naranja, agua mineral,
  sidra, cerveza o cerveza sin alcohol 1,20
Café:
  solo 0,80
  con leche 0,90

el agua (f.) fresca

1a ▣▣ Mira el menú. ¿Cuántas palabras entiendes?
Busca las demás en tu diccionario.

b ▣ Escucha y lee los diálogos de la página 88.

c Practica el diálogo de Josu y Roberto con tu compañero/a.

d Inventa otros diálogos parecidos.

e ¿Qué piden Josu y Roberto para comer? ¿Y para beber?

2a ▣ Escucha. ¿Qué van a tomar los otros?
Ejemplo:

	comida	bebida
Mirén	hamburguesa con salsa barbacoa ensalada verde	limonada
Paco		
Arantxa		
Belén		

ADELANTE ➤

Escribe unas frases sobre cada persona.
Ejemplo: *Mirén va a comer una hamburguesa con salsa barbacoa y una ensalada verde. Va a beber una limonada.*

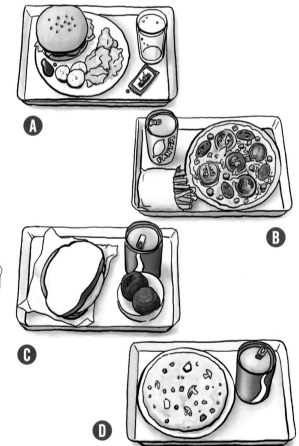

Ⓐ Ⓑ Ⓒ Ⓓ

b Escoge el dibujo adecuado para cada persona. ¿Hay algún error?

c ¿Cuánto es? Suma la cuenta para cada persona.

A D E L A N T E

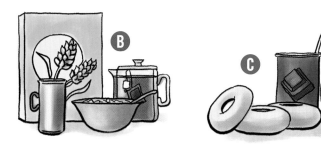

> ¿Qué tomas de desayuno: té, café con leche, cereales, tostadas, pan con mermelada? A mí me gusta comer churros con chocolate en una churrería. ¡Son buenísimos!

1a ¿Qué tomas de desayuno? Escribe.

b 📷 ¿Qué toman de desayuno? Escucha y anota.
  - Oscar
  - Lorena
  - Paco
  - Héctor
  - Eloísa

c Escoge un desayuno adecuado para cada persona.

d Trabaja en grupo. Pregunta y contesta:
¿Qué comes de desayuno?
Escribe unas frases sobre cada persona.
Ejemplo: *Joanna suele comer ... A veces bebe ...*

2a ¿Qué hay en tu ciudad ideal? Anota unos 12 lugares.
Ejemplo:

> 1 polideportivo grande
> 2 centro comercial

b ¿Tu compañero/a está de acuerdo?

> En mi ciudad ideal hay un(a) ...
> Quiero un(a) ...
> Me gustaría un(a) ...
> Un(a) ... es importante.

> Sí, estoy de acuerdo.
> No, no creo.
> Es más importante un(a) ...

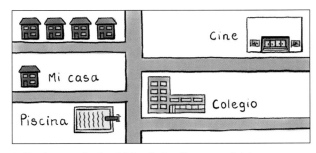

c Dibuja tu ciudad ideal. Indica también tu casa y tu colegio.

d Escribe una descripción de unas 50 palabras.
Ejemplo: *En mi ciudad ideal hay una piscina cerca de mi casa porque me encanta la natación. Hay también ... Me gustaría vivir aquí porque hay mucho que hacer para los jóvenes.*

e Trabaja con tu compañero/a. Por turnos explica y verifica cómo ir de tu casa al colegio.

f Ahora escribe las indicaciones.

3a D◻ ¿Quién habla: el camarero o una clienta?

¿Qué van a tomar, señoras?

Dos Coca-Colas.

Enseguida.

Sí, un helado de frambuesa.

¿Y para beber?

Me pone un bocadillo de chorizo.

¿Algo más?

¡Oiga, camarero/a!

¿Y para usted?

La cuenta, por favor.

Que aproveche.

Para mí una hamburguesa, por favor.

b Utiliza todas las frases para hacer un diálogo.

c 🔊 Escucha y verifica.

4a D◻ Copia y completa.

b Contesta a las preguntas.
1 ¿Dónde vive Andrés?
2 ¿Le gusta vivir allí? ¿Por qué?
3 ¿Qué hay en Vitoria?
4 ¿A qué hora se levanta Andrés?
5 ¿Qué toma de desayuno?
6 ¿Qué hace después de comer?

c ¿Te gustaría vivir en Vitoria?
¿Por qué? ¿Por qué no?

d Escribe una carta o un email a Andrés.
Describe:
◆ tu rutina diaria
◆ qué sueles hacer los fines de semana
◆ qué hay para los jóvenes en tu barrio
◆ qué vas a hacer el fin de semana que viene.

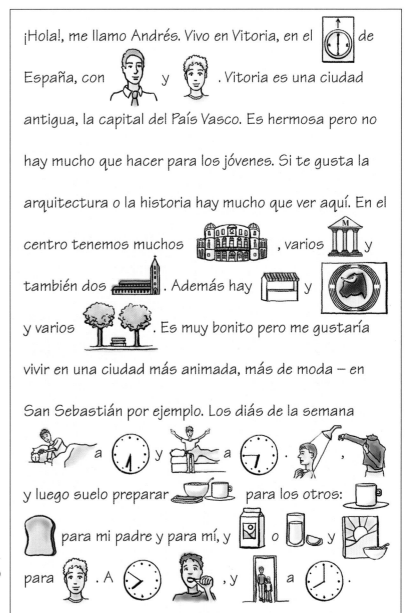

¿Qué hay en tu barrio?
¡Dibuja con mucha imaginación!

MAÑAS · **MAÑAS** · MAÑAS · **MAÑAS** · MAÑAS

¿Masculino o femenino?

Anota estas palabras y apréndelas de memoria.

el día	la mano
el clima	la radio
el mapa	el agua fría
	tengo mucha hambre

El diccionario

Si no encuentras la palabra que buscas en tu diccionario, a lo mejor es un verbo.
¿Cómo buscar un verbo en el diccionario? Hay que saber el infinitivo:

	infinitivo
ceno, cenas, cena, cenamos, cenáis, cenan	cen**ar**
como, comes, come, comemos, coméis, comen	com**er**
cumplo, cumples, cumple, cumplemos, cumpléis, cumplen	cumpl**ir**

a 🔲 Escribe los infinitivos de estos verbos y búscalos en tu diccionario.

pregunta	vamos	escribid	coge
tengo	comemos	prefiere	me llamo

b Para traducir bien los verbos, mira la forma del verbo en la frase, por ejemplo *yo, tú ...* .

A TI TE TOCA

Por turnos con tu compañero/a pregunta y contesta.

¿A qué hora te levantas?   Me levanto a las siete y media.
¿Qué haces por la mañana?   Suelo ...
¿Qué sueles hacer por la tarde?   ...
¿Qué hay en tu ciudad?   Hay ...
¿Qué vas a hacer esta noche?   Voy a ...
¿Adónde vas el fin de semana que viene?   Voy a ...
¿Quieres ir a la piscina esta tarde?   Sí, .../No, ...
¿Por qué no vamos a la cafetería?   ...
¿La piscina está lejos?   Sí, está .../No, está ...
¿Por dónde se va a la estación?   ...
¿Hay una oficina de turismo por aquí?   No./Sí, ...
¿Tienes hambre/sed?   Sí, .../No, ...
¿Qué vas a tomar?   Para mí ...
¿Y para beber?   ...

Los platos más conocidos y originales de la gastronomía vasca se basan en el pescado que se obtiene directamente de la costa vasca. La merluza, el besugo y el bonito son muy populares, así como las sardinas y las anchoas,

GOLFO DE VIZCAYA

BILBAO

DONOSTIA (SAN SEBASTIAN)

GASTEIZ (VITORIA)

RIO EBRO

IRUÑA (PAMPLONA)

LOGROÑO

HARO

La carne más apreciada es la chuleta, mejor si es de buey. Asada a la parrilla, bien tostada por los dos lados y roja por dentro, es la esencia de la cocina rural.

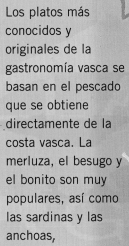

Se produce la sidra, y vino de la Rioja Alavesa.

El producto más típico de la huerta vasca es la alubia, la judía seca.

A

◆ ¿Qué se produce en tu región? Investiga y escribe.

◆ 💻 Inventa un menú típico de tu país para tu amigo/a por correspondencia.

estadounidense

italiana

B

EN GRUPO: ENCUESTA

◆ Preguntad y contestad: ¿Te gusta la comida española? ¿italiana? ¿francesa? ... ¿Cuál es la comida preferida?

◆ 💻 Presentad el resultado de forma gráfica.

◆ Grabad una casete. Describid vuestros platos preferidos y los ingredientes.

◆ ¿Cuáles son los productos más importantes en la comida típica de vuestro país?

china

india

JANARIA

Las tapas ¿qué son?

Una ración pequeña de algo típico, aceitunas por ejemplo. Hay una variedad enorme – frío o caliente – toda clase de comida. Se come a cualquier hora del día.

¿Quieres probar las aceitunas?

Sí, gracias.

No, gracias. No me gustan.

Están muy buenas.

Lo siento. No me gustan.

C

Investiga:
◆ ¿Se puede comer tapas en tu ciudad?
◆ ¿Qué productos españoles se venden en tu supermercado?

D   **Teatro: inventad un diálogo 'En la cafetería'.**

¡Oiga, camarero/a!
Para mí ...
Para ti ...
Para él/ella/usted ...
La cuenta, por favor.

¿Qué van a tomar?
¿Algo más?
¿Y para beber?
¿Y para usted?
Enseguida.
Que aproveche.

Repaso 2

**Mira las secciones *A ti te toca*
páginas 65, 79, 93**

1a Lee el texto.

> Me levanto a eso de las cinco y media. Me lavo y me visto y luego preparo el desayuno para la familia. Mi marido trabaja en una plantación de maíz y suele salir de casa a las seis. Nuestros tres hijos van al colegio cercano pero nuestra hija trabaja conmigo. Desayunamos juntos y salimos de casa a las seis y media. Mi madre queda en casa arreglando todo, limpiando la casa, preparando la cena mientras que yo voy al mercado de Chichicastenango para vender flores y legumbres.

b Contesta a las preguntas.

1 ¿A qué hora se levanta la señora?
2 ¿Qué hace antes de preparar el desayuno?
3 ¿En qué trabaja su marido?
4 ¿Tiene hijos?
5 ¿Dónde vive su madre?
6 ¿Qué suele hacer ella?

2 ¿Cuántas diferencias ves? Trabaja con tu compañero/a.

A: En el primer dibujo la cama está detrás de la puerta.

B: En el segundo dibujo la cama está debajo de la ventana.

3a 🔊 Mira el plano de Antigua y escucha. ¿Dónde están los sitios mencionados? Escoge la letra adecuada en el plano.
Ejemplo: *A – Correos*

Correos	Mercado
Parque central	Universidad
Museo	Hotel Confort
Oficina de Turismo	Catedral

b Por turnos con tu compañero/a pregunta y contesta.
¿Pór dónde se va ...?
¿Hay ... por aquí?
¿Está lejos ...?

4a Pon las palabras en estas categorías.
- ◆ Familia
- ◆ Carácter
- ◆ Descripción física

abuela   inteligente   travieso   joven   simpático   juicioso   delgado hermana   padres   primo   hablador   alto   guapo   madre   sociable   bajo gordo   tío   viejo   feo   abuelo   hermano   antipático   perezoso   reservado extrovertido

b Escoge una palabra o más de cada categoría para describir a estas personas.
Ejemplo: *Mi abuela es muy gorda pero muy inteligente.*

c ¿Qué está haciendo cada persona? Escribe.

Compras y regalos

¿Qué se puede comprar?

You will learn how to ...

✓ ask what shops there are in the area and where: *¿Hay una farmacia por aquí?*
  ¿Por dónde se va a la tienda de deportes?

✓ find out about opening and closing times: *¿A qué hora abre? El banco está cerrado.*

✓ ask and say what you can buy where: *¿Qué se puede comprar en un estanco?*
  Se puede comprar sellos.

✓ ask and say how much something costs: *¿Cuánto cuesta el perfume?*
  Cuesta 21 euros.

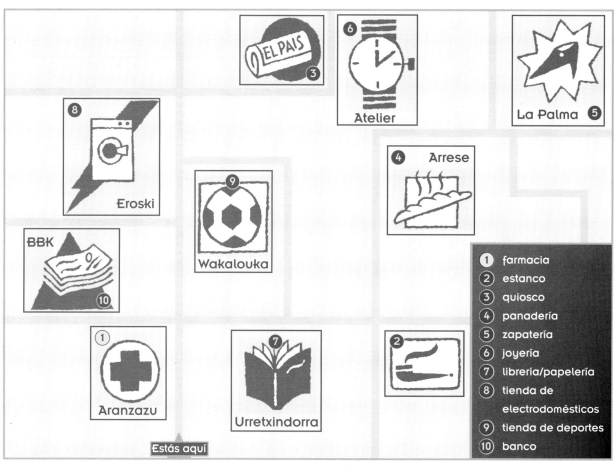

1. farmacia
2. estanco
3. quiosco
4. panadería
5. zapatería
6. joyería
7. librería/papelería
8. tienda de electrodomésticos
9. tienda de deportes
10. banco

1a 🔊 Escucha e identifica las tiendas.

b Escribe los nombres en el orden mencionado.

c ¿Cuáles no se mencionan? Escribe una lista.

d Por turnos con tu compañero/a.

A: ¿Hay una farmacia por aquí?
B: Sí, está enfrente del banco.
A: ¿Por dónde se va a la tienda de deportes?
B: Siga todo recto y coja la segunda a la derecha.

●● **Frases claves** ●●●●●●●●●●●●●●●●●●

Los números grandes

cien euros/cien personas
cien**to** diez euros/cien**to** diez personas
doscient**os** euros/doscient**as** personas
trescientos/as, cuatrocientos/as,
quinientos/as, seiscientos/as, **sete**cientos/as,
ochocientos/as, **nove**cientos/as

mil, dos mil
un millón, dos mill**ones**

2a 🔲 Escucha y señala los objetos mencionados.

¡OFERTAS ESPECIALES!

LA PASTA DE DIENTES

LOS COMPACTS

LAS CADENAS MUSICALES

LAS RAQUETAS DE TENIS

EL PERFUME

UNA MESA Y SEIS SILLAS PARA EL COMEDOR

€21 €39,90 €155 €11,50 €1,20 €220

⊕RIÉNTATE
●●●●●●●●●●●●●●●●●➤ p.199

Los verbos: El uso impersonal

Se puede comprar … = Es posible comprar …

3 🔲 Por turnos con tu compañero/a.

A: ¿Qué se puede comprar en un estanco?
B: Se puede comprar sellos.
A: ¿Dónde se puede comprar un reloj bonito?
B: En una joyería.

¿LO SABES?

El dinero español

Monedas   Billetes

2b Escucha otra vez y empareja los precios con los objetos.

c Por turnos con tu compañero/a.

A: ¿Cuánto cuestan las raquetas de tenis?
B: Cuestan €39,90.

ADELANTE

Escribe el precio en palabras.

4a ¿A qué hora abre? ¿A qué hora cierra?
Lee los letreros y contesta.

b ¿Qué tienda necesitas? ¿Está abierta o cerrada?
1 Son las doce de la noche y necesito dinero.
2 Quiero comprar un perfume de regalo para mi madre.
3 Me gustaría comer un helado a las seis de la tarde.
4 Necesito pan para el desayuno a las ocho.
5 Quiero llevar unas flores a mi abuela el domingo cuando vaya de visita.

cerrado por vacaciones anuales

Perfumería

17H–20H

Heladería

abierto de 8h30 a 16h30

Panadería

ATH 24 horas al día

Banco

10h–18h cerrado los lunes

Floristería

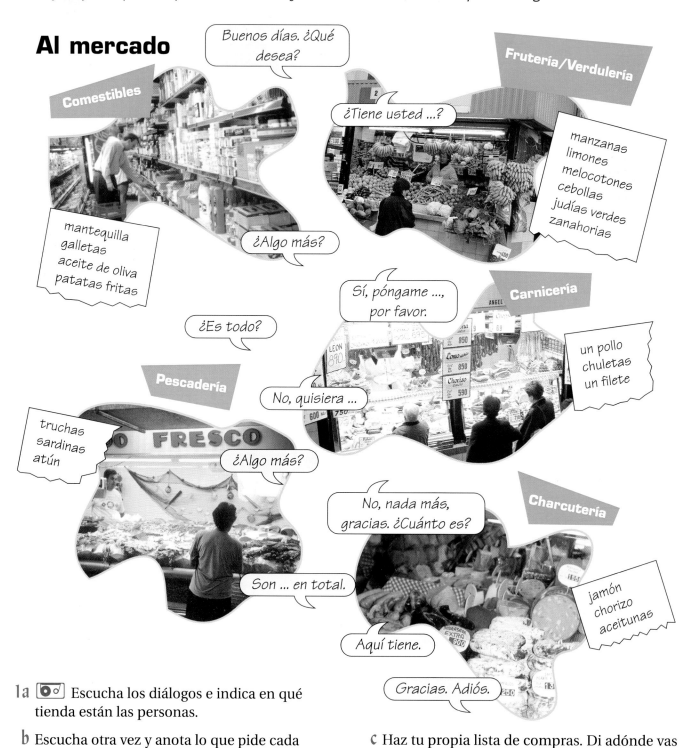

¿Algo más?

You will learn how to …

✓ ask for items in a shop or market: *¿Tiene usted limones? Quisiera cinco filetes.*

✓ say how much you want: *Póngame un paquete de café y dos kilos de cebollas, por favor.*

✓ buy stamps for a postcard or letter: *¿Cuánto cuesta mandar una postal a Inglaterra?*

Al mercado

Buenos días. ¿Qué desea?

Comestibles

Fruteria/Verduleria

¿Tiene usted ...?

manzanas
limones
melocotones
cebollas
judías verdes
zanahorias

mantequilla
galletas
aceite de oliva
patatas fritas

¿Algo más?

Sí, póngame ..., por favor.

Carnicería

¿Es todo?

un pollo
chuletas
un filete

Pescadería

No, quisiera ...

truchas
sardinas
atún

FRESCO

¿Algo más?

No, nada más, gracias. ¿Cuánto es?

Charcutería

Son ... en total.

jamón
chorizo
aceitunas

Aquí tiene.

Gracias. Adiós.

1a 🔊 Escucha los diálogos e indica en qué tienda están las personas.

b Escucha otra vez y anota lo que pide cada persona.

c Haz tu propia lista de compras. Di adónde vas para comprar cada cosa.

100 cien

2a Mira las compras. ¿Cuántas cosas sabes ya de memoria? Escríbelas.

b Empareja una cantidad adecuada con cada cosa.
Ejemplo: 1 un kilo de tomates

c 🔊 Escucha y anota la cantidad de cada cosa.

•• Frases claves •••

Las cantidades

un kilo de …
250 gramos de …
100 gramos de …
un litro de …
medio litro de …
una bolsa de …
una botella de …
una lata de …
un paquete de …
un tubo de …

3a Añade la cantidad de cada cosa en tu lista de **1c**.

b Lee tu lista a tu compañero/a. A ver, ¿cuántas cosas sabe anotar de memoria?

c ¿Qué cosas se comen y cuáles se beben de tu lista? Clasifícalas.

d Escribe un diálogo usando tu lista de compras. Practícalo con tu compañero/a y grábalo en una casete.

En Correos

4a 🔊 Escucha el diálogo.

– ¡Hola, buenos días!
– ¿Cuánto cuesta mandar … a …?
– Cuesta … euros. ¿Es todo?
– No, quiero mandar … también.
– ¿Desea algo más?
– Sí, necesito …
– Entonces son … euros en total.
– Aquí tiene usted.
– Gracias.
– ¿Dónde está el buzón?
– Allí enfrente.

b Copia y completa.

c Practica el diálogo con tu compañero/a e inventa otro.

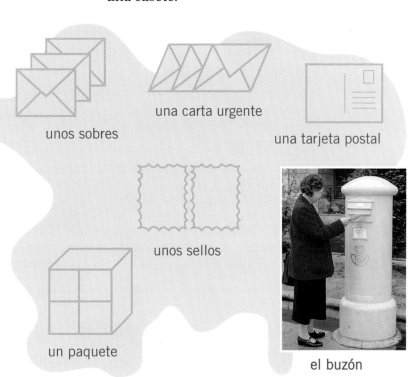

unos sobres

una carta urgente

una tarjeta postal

unos sellos

un paquete

el buzón

¿Qué talla usas? ¿Qué número calzas?

You will learn how to …

✓ ask people their clothes and shoe size and say what size you are: *¿Qué talla usas?*
Uso la talla 40, mediana. ¿Qué número calzas? Calzo el número 38.

✓ ask for clothes and shoes in a shop: *Quisiera comprar un chándal. Lo quiero en rosa.*

✓ ask people which colours they prefer and give your preference: *¿Te gusta la camiseta azul?*
No mucho. La prefiero en rojo.

¡REBAJAS! ¡GANGAS! ¡TODO PARA LAS VACACIONES!

una corbata
D una camisa — € 47,50
A un abrigo — € 160
un cinturón
unos pantalones
un traje
unos zapatos

B un anorak — € 102
C un jersey — € 48,25
E unos vaqueros — € 24,00
unos calcetines
unas botas

H una sudadera — € 28,60
una camiseta
unos shorts
unas medias
unas zapatillas

F una chaqueta — € 66,25
una blusa
G una falda — € 29,50
unas sandalias

| 📖 un vestido | un chándal | un traje de baño | una toalla | unas chanclas |

1a 🔊 Escucha los anuncios. ¿Qué ropa mencionan? Señala cada cosa.

b Mira los dibujos. ¿De qué color es la ropa?

c Escucha otra vez. Anota cuánto cuesta ahora.

d Calcula cuánto se ahorra.
   ***Ejemplo**: Los vaqueros: €24,00 ptas menos €17,90 = €6,10 de ahorro.*

2 🔊 Escucha cinco conversaciones. ¿Qué compran los clientes?

Ropa/Zapatos	Color	Talla/Número

ROPA:	TALLA PEQUEÑA	TALLA MEDIANA	TALLA GRANDE
España	34–38	40–44	46–50
Reino Unido	8–12	14–18	20–24

●● **Frases claves** ●●●●●●●●●●●●●●●●●●●●

   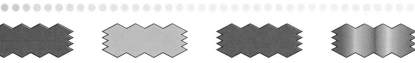

azul oscuro verde claro rosa naranja morado/a multicolor

ÓRIÉNTATE

p.190

Los pronombres objetos

¿Te gusta **el abrigo**?	Sí, **lo** voy a comprar.
¿Te gustaría **esta camisa**?	No, no **la** quiero.
¿Te gustan **los zapatos**?	No mucho. **Los** prefiero en negro.
¿Te gustan **estas medias**?	Lo siento, pero **las** odio.

3 Por turnos con tu compañero/a.

A: ¿Te gusta **el abrigo** morado/**la camiseta** morada?

B: No, **lo**/**la** prefiero en rojo.

4 Practica los diálogos con tu compañero/a.

a – Quisiera comprar este chándal.
  – ¿Qué talla usas?
  – Uso la talla cuarenta, creo.
  – De tu talla lo tenemos en azul oscuro o naranja.
  – Lo quiero en rosa.
  – Lo siento, no lo tengo en rosa.

b – Quiero comprar estas zapatillas.
  – ¿Qué número calzas?
  – Calzo el número treinta y ocho.
  – De ese número las tengo en blanco o negro.
  – Las prefiero en blanco, por favor.

c Escribe otros diálogos cambiando la ropa y las tallas o los números.

5a Lee la carta.

Londres, 1 de abril

¡Hola!

En esta foto llevo el uniforme de mi nuevo colegio inglés. ¿Te gusta? De lunes a viernes tenemos que ponernos falda o pantalón azul oscuro, camisa blanca y sudadera con el emblema del colegio. Lo que no me gusta es el color – es aburrido y feo. También tenemos que llevar zapatos negros – son cómodos y prácticos pero no muy elegantes ¿verdad? ¿Tú que llevas para ir al colegio? No se permite llevar joyas – pendientes, pulseras, cadenas de oro – solamente un reloj. ¿Es lo mismo en tu colegio?

Menos mal que no hay colegio los fines de semana. Este sábado hay fiesta en casa de mi nueva amiga. Voy a comprar un vestido nuevo verde claro – es mi color preferido. ¿Qué te gusta llevar los fines de semana y cuál es tu color preferido?

Escríbeme pronto.

Marta

¿Te ayudo?

incómodo/a	cómodo/a
elegante	feo/a
práctico/a	ridículo/a
formal	informal

b Respuesta la carta. ¿Cuántas preguntas hay? Respuesta a todas.

MAÑAS · MAÑAS · MAÑAS

¿Qué tal tu memoria?

6a Cierra el libro.
Escribe una lista de ropa.
Añade 'el/la/los/las' delante de cada palabra.
Escribe el color.

b Ahora escribe una pregunta y una contesta así.
Ejemplo: *¿Ves la camiseta azul? Sí, **la** veo.*

¿Te queda bien?

You will learn how to ...

✓ name parts of the body: *la cabeza, el cuello, el cuerpo, ...*

✓ ask and say whether something fits: *La bufanda te queda bien? No, me queda demasiado grande.*

✓ say that something is too long, too small, etc.: *Es demasiado largo. Son un poco pequeñas.*

✓ exchange goods in a shop and give reasons: *Quisiera cambiar esta camiseta porque no me gusta el color.*

1a 🔊 Escucha y repite las partes del cuerpo.

b 🔊 Escucha y anota las partes del cuerpo en el orden mencionado.
Ejemplo: *1 la cara*

c ¿Cuáles no se mencionan? Anótalas.

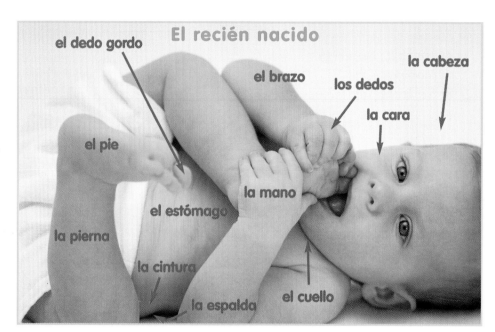

El recién nacido

el dedo gordo
el brazo
los dedos
la cabeza
la cara
el pie
la mano
el estómago
la pierna
la cintura
la espalda
el cuello

2a 🔊 Escucha y lee.

Esta bufanda azul la traigo para su cuellecito.

Estos guantes verdes los traigo para sus manitas.

Este gorrito rosa lo traigo para su cabecita.

Estas botas rojas las traigo para sus piececitos.

Los diminutivos

gorro, mano → gorrito, manita
cabeza, cuello, pie → cabecita, cuellecito, piececito

2b Mira los dibujos y por turnos con tu compañero/a inventa otras frases.

Escribe las frases.

traer

(yo) traigo, (tú) traes, (él/ella) trae

3a Mira los regalos de **2a** y **2b**. ¿Le quedan bien? ¿Por qué (no)?
Ejemplo: *El gorrito rosa no le queda bien. Es demasiado grande.*

¿Te ayudo?

el/la ... los/las ...	(no) me/te/le queda (no) me/te/le quedan	bien	
	es/son me/te/le queda(n)	un poco muy demasiado	grande(s) pequeño/a/os/as largo/a/os/as corto/a/os/as

b Por turnos con tu compañero/a.

A: ¿Te quedan bien las botas?
B: Sí, me quedan bien./No, me quedan demasiado pequeñas.

⊕RIÉNTATE

 p.191

Los pronombres demostrativos

– Quisiera cambiar **este chándal** porque no me gusta el color.
– Bueno tenemos **éste/este** rojo, **ése/ese** azul y **aquél/aquel** verde.
– Prefiero **éste/este** rojo, gracias.

4a  Escucha el diálogo de arriba y practícalo con tu compañero/a.

b Haz diálogos parecidos con estas palabras.

esta falda: ésta, ésa, aquélla
estos vaqueros: éstos, ésos, aquéllos
estas sandalias: éstas, ésas, aquéllas

5 Escucha cinco diálogos. ¿Qué quieren cambiar? ¿Por qué?
Ejemplo: *1 una camiseta – es demasiado grande*

ADELANTE

Escribe las frases.

6 Escucha y canta.

Estribillo
*Vamos a agitar el cuerpo – de arriba para abajo,
¡Ándale, ándale, huepajé!*

Estrofas
*Primero el brazo izquierdo – menéalo bien,
¡Así, asá – por aquí, por acá!*

Después el pie derecho – menéalo bien, ...

Ahora la mano izquierda – menéala bien, ...

Hasta con el cuerpo entero – menéalo bien, ...

1  Escucha. ¿Adónde prefieren ir de compras? ¿Por qué?

BELEN

ARANTXA

MIREN

JOSU

ROBERTO

tiendas individuales

grandes almacenes

mercado

centro comercial

supermercado

todo en un solo sitio

servicio más personal

mejor selección

productos frescos

más práctico

2 ¿Qué buscas? ¿En qué planta está?
Por turnos con tu compañero/a.

A: Quiero comprar una raqueta de tenis.
B: La sección de deportes está en el sótano.

3 Explícale a una persona española lo que se puede comprar en ...

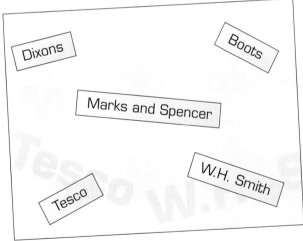

Dixons

Boots

Marks and Spencer

W.H. Smith

Tesco

4a Adivinanzas
  1 ¿Qué tiene dientes pero no puede comer?
  2 ¿Qué tiene una cara pero no tiene ojos?
  3 ¿Qué oye pero no tiene orejas?
  4 ¿Qué habla pero no tiene boca?

b Inventa otros ejemplos. ¡A ver si tu compañero/a los puede adivinar!

DIRECTORIO

Planta	
6ª	Informática
5ª	Caballeros – ropa y zapatos
4ª	Señoras – ropa y peluquería
3ª	Niños – juguetes y ropa
2ª	Cadenas musicales, Vídeos, Compacts
1ª	Electrodomésticos, Hogar, Cafetería
B	Perfumes y cosméticos, Información
Sótano 1º	Deportes

5a Lee el texto.

•• **Frases claves** ••••••••••••••••

de cristal   de cuero   de lana
de madera   de plástico   de seda

Tomasito quiere comprar un regalo para el día de la madre. Tiene dinero y lo quiere gastar. Primero ve un cinturón.

– Mamá, voy a comprarlo.
– ¿Vas a comprarlo? ¿Este cinturón – éste? No, hijo mío, no lo compres. ¡Es de plástico! No es de cuero y además es muy caro.

Después escoge una bufanda.

– Mírala, quiero comprarla – esa bufanda – ésa.

– No, hijo mío, no la compres. ¡Es de lana fea! No es de seda fina como me gusta a mí.

Por fin ve unos zuecos típicos y decide comprarlos – sí, aquellos zuecos – aquéllos.

– Ay, hijo mío, ¡qué bonitos son! Unos zuecos típicos de madera. Voy a regalárselos yo a mi madre – tu abuela – como recuerdo de los tiempos aquellos.

b Lee las frases. ¿Son verdaderas o falsas?
1 Tomasito quiere comprar un regalo para su madre.
2 Compra un cinturón de plástico.
3 Su madre prefiere una bufanda de lana.
4 Por fin decide comprar unos zuecos típicos.
5 A su madre no le gustan los zuecos.

c ¿De qué está hecho? Por turnos con tu compañero/a pregunta y contesta.

A: El cinturón ¿de qué está hecho?
B: Es de plástico.

d Mira los dibujos y haz otras preguntas y respuestas parecidas.

una camisa

un monedero   unas botellas

¡A JUGAR!

META

Tienes que comprar todo en tu lista de compras y terminar en el café.

INSTRUCCIONES

1 Escribe tu lista de compras: tienes que comprar cinco cosas. Ejemplo:

sellos
pan
naranjas
reloj
pollo

2 Escoge una casa.
3 Tira el dado. Puedes ir en cualquier dirección.

4 Tienes que ir a la tienda para comprar cada cosa. Sólo puedes comprar una cosa a la vez.

5 Con el autobús puedes ir directamente a cualquier tienda.

Game board labels: CASA 1, CASA 2, CASA 3, CASA 4, SUPERMERCADO, LIBRERIA/PAPELERIA, GRANDES ALMACENES, ZAPATERIA, FRUTERIA, JOYERIA, ESTANCO, PESCADERIA, AUTOBUS, CARNICERIA, PANADERIA, CORREOS, CAFE

¡SE PRONUNCIA ASÍ!

el sonido [θ] versus el sonido [k]

Escucha y repite.

La **ce**bra **ce**lebra con **ce**rveza en **Cerce**dilla.
El **ci**sne **cí**nico **ci**rcula con **ci**nco **ci**garros.
El **ca**ballo **ca**nta **ca**nciones con **Car**men.
El **co**nejo **co**me **co**ntento con **Con**chi.
La **cu**lebra **cu**riosa **cu**mple **cu**atro años.

MAÑAS · MAÑAS · MAÑAS

Para NO USAR tu diccionario

Cuando lees un texto ...
- ¿cuántas palabras conoces ya? Concéntrate en las otras.
- ¿cuál es el contexto? Haz una *telaraña mental* (página 78) de palabras asociadas.
- ¿hay palabras claves? Concéntrate en ellas.
- ¿hay palabras parecidas en español?
- ¿hay palabras parecidas en inglés?
- pregunta si es posible: '¿Qué significa *estrafalaria* en inglés?'

A TI TE TOCA

Por turnos con tu compañero/a pregunta y contesta.

¿Hay una farmacia por aquí?	Sí, hay ...
¿Dónde está la tienda de deportes?	Está ...
¿A qué hora abre la librería?	Abre a las ...
¿A qué hora cierra la panadería?	Cierra a las ...
¿Qué se vende en el mercado?	Se vende de todo: ...
¿Cuánto cuesta este compact?	Cuesta ...
Buenos días. ¿Qué desea?	Póngame ..., por favor.
¿Qué talla usas?	Uso ...
¿Qué número calzas?	Calzo ...
¿Te gusta esta camiseta azul?	No, prefiero ...
¿Te queda bien?	No, ...

TRAJES TÍPICOS

En Guatemala hay más de 500 diferentes trajes regionales, cada uno con un diseño distinto.

Desde hace más de 2300 años el arte de tejer se practica usando las fibras naturales del maguey (cactus) y algodón, y los colores de los insectos y las flores.

tocoyal

calzón

caites/xajáp

huipiles

tocoyal

tzutes/kaperraj

txapela

zapla

burruxea

estalkia

abarak

Trajes vascos

A

◆ Trabaja con tu compañero/a. Escribe una descripción breve de uno de los trajes típicos de arriba.

◆ ¿En tu país qué trajes típicos hay? 🖥 Busca más informes en el CD-Rom si no los sabes todos. Explica:
¿De qué país o región es?
¿Es de un color especial?
¿Es para hombre, mujer o ambos?
¿De qué está hecho?

JANTZIAK

Cristóbal Balenciaga Eisaguirre, 1895–1972, diseñador clásico de Getaria en el País Vasco.

B

◆ ¿Qué diseñadores de moda conoces? ¿Qué moda o estilo te gusta más? Clasifica lo que está y no está de moda actualmente.

◆ Diseña una página de un catálogo de modas para el almacén EKSEPTION de Madrid.

Telas   Diseños   Formas   Colores

V   galón o en forma de V
▲   triángulo
◆   rombo
■   cuadro
●   punto/lunar/pepa/mota
〰   zigzag

C

◆ Diseña una tela.

  Clasifica los colores y las formas usadas.

  🖥 Presenta el diseño de forma gráfica, dibujada o tejida.

◆ Haz una mola.

Las **Molas** de los indios kuna de las islas de San Blas en la costa panameña representan historias y leyendas. Se cogen varias telas de diferentes colores. Se ponen una encima de la otra. Se cortan una por una, exponiendo los diferentes colores. Se cosen así con puntos pequeños.

Don dinero y yo

Optativas y carreras

> **You will learn how to …**
>
> ✓ talk about pocket money: *Me dan seis euros cada semana. ¿Quién te lo da?*
> ✓ say what jobs you and others do: *Laura ayuda en casa.*
>   *Trabajo como ayudante en una peluquería.*
> ✓ discuss how you spend your money: *¿Cómo gastas tu dinero?*
>   *Suelo gastarlo en ir al cine y en ropa.*
> ✓ talk about your character: *Soy trabajador(a) y bastante hablador(a).*
>   *A veces estoy estresado/a.*

1 🔊 Mi dinero de bolsillo.
Escucha las conversaciones y completa
las casillas.

	¿Cuánto?	¿Cuándo?	¿Quién?
Arantxa	6 euros	cada semana	padres

●● Frases claves ●●●●●●●●

- semanalmente/cada semana
- mensualmente/cada mes
- cada quince días

3a 🔊 Escucha y empareja
los nombres con los
trabajos.
Ejemplo: *Miguel – C*

b Escribe una frase sobre
cada persona.
Ejemplo: *Miguel trabaja*
como
dependiente en
unos grandes
almacenes.

▷ **A D E L A N T E** ▷

Escucha otra vez. ¿Qué hacen?

2 A ti te toca. Por turnos con tu compañero/a.

A: ¿Cuánto dinero de bolsillo te dan?
B: Me dan £5 (cinco libras esterlinas).
A: ¿Cuándo?/¿Cada cuánto?
B: Cada semana.
A: ¿Quién te lo da?
B: Mis padres.

Laura – Miguel – Beatriz – Pablo – Nuria – Rodrigo

Ⓐ trabajar de canguro
Ⓑ camarero/a en un café
Ⓒ dependiente en unos grandes almacenes
Ⓓ ayudar en casa
Ⓔ ayudante en una peluquería
Ⓕ ayudante en un refugio de animales
Ⓖ cajero/a en un supermercado

4a Busca una respuesta adecuada.

1 ¿Trabajas los sábados?
2 ¿Qué haces?
3 ¿Cuántas horas trabajas?
4 ¿Te pagan bien o mal?
5 ¿Te gusta?
6 ¿Por qué? ¿Por qué no?

A Me gusta la gente pero no me gustan las horas.
B A veces sí, a veces no.
C Soy cajero en el supermercado.
D Sí. Me levanto temprano cada sábado.
E Hago seis horas como mínimo.
F Gano lo suficiente – creo.

b Por turnos con tu compañero/a.

5a 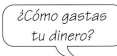 Escucha y anota.

> ¿Cómo gastas tu dinero?

> Lo gasto en ir al cine y en compacts. ¿Y tú?

b A ti te toca. Habla y escribe.

6a Haz una encuesta entre tus compañeros de clase: '¿Cómo gastas tú tu dinero?'

7a Lee.

b ¿Cuántas palabras positivas y cuántas negativas consideras que hay en el texto? Haz dos listas.
Ejemplo:

positivas	negativas
organizada	habladores

c Lee las frases. ¿Verdad, mentira o no se sabe?
  1 Belén se considera una persona poco organizada.
  2 Dice que siempre llega a tiempo.
  3 Se divierte con los estudiantes habladores.
  4 Nunca ayuda en casa.
  5 Quiere ser una deportista famosa.
  6 Pertenece al club de equitación.

■■ **¿Te ayudo?** ■■■■■■■■■■■■■■■■■■■■■

Normalmente lo gasto   en ir al cine.
Suelo gastarlo   en ropa/discos/deportes/ …

Lo ahorro.
Lo doy a mi madre/a mi padre.

b 🖥 Presenta el resultado de forma gráfica y explícalo a la clase.
Ejemplo: El 25% gasta su dinero en ir al cine …

Tutoría - Belén - 23 feb. - Sra de López

Mi evaluación personal

Considero que soy una persona organizada, feliz formal y puntual durante la semana. No me gustan los estudiantes que son habladores y traviesos en clase porque me distraen. El fin de semana soy bastante sociable y salgo con muchos amigos, aunque siempre ayudo en casa para ganarme el dinero de bolsillo. 😕

A veces estoy de mal humor cuando estoy cansada o tengo hambre. Admiro a la gente deportista porque muchas veces cuando estoy estresada soy torpe ¡upa! y pierdo el equilibrio. Me encanta el agua y nado bien ✔✔✔. Soy miembro del club de natación y el año que viene ¡¡¡ voy a nadar con el primer equipo !!!

ÓRIÉNTATE

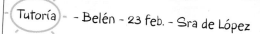 p.199

Los verbos *ser* y *estar*

ser = carácter → Soy una persona organizada.
estar = estado → Estoy cansada.

8a Lee el texto de **7a** otra vez.
¿Qué frases contienen el verbo **ser**?
¿Cuáles contienen el verbo **estar**?

b 📖🖥 Busca estas palabras en tu diccionario. ¿Llevan el verbo **ser** o **estar**? Haz dos listas.

aburrido	antipático	cansado
contento	decepcionado	deprimido
divertido	fanático	furioso
gracioso	ilusionado	preocupado
simpático	tímido	trabajador
triste	vago	

9 Escribe una evaluación personal tuya. Sigue el ejemplo de arriba.
🖥 Primero escribe un borrador y luego pasa el texto a ordenador.

¿Qué harás el año que viene?

You will learn how to ...

✓ talk about how well you and others are doing at school: *¿Qué notas sacas? Saco sobresaliente en todo. Isabel saca suficiente en geografía.*

✓ discuss your choice of options: *¿Qué optativas estudiarás? Voy a escoger nutrición.*

✓ say what you will do next year: *Estudiaré biología, química y física. Iré a otro colegio.*

✓ ask people what they will do next year: *¿Qué estudiarás el año que viene? ¿Adónde irás?*

1a 🔊 Escucha. ¿Cómo van? ¿Qué notas sacan?

b Escucha otra vez. ¿Qué optativa escoge cada persona?

c Escribe unas frases sobre cada persona.
Ejemplo: *Elena va bien y saca sobresaliente en historia. Va a escoger cultura clásica como optativa.*

	¿Cómo van?	¿Notas?	¿Optativas?
Elena	bien	sobresaliente	cult. clás.
Luis			
Marta			
Pedro			
Eugenia			

2a Lee el informe sobre Isabel.

b ¿En tu opinión qué notas saca Isabel?
Ejemplo: *Saca insuficiente en geografía.*

c A ti te toca. Por turnos con tu compañero/a pregunta y contesta.

A: ¿Qué notas sacas en tus asignaturas?
B: Saco notable en español.
A: ¿Qué optativas vas a escoger?
B: Voy a escoger tecnología.

ORIÉNTATE

 p.192

Los adverbios

Adjetivos + -mente (= adjetivos + -ly en inglés)

general	➜	generalmente
fácil	➜	fácilmente
semanal	➜	semanalmente
solo	➜	solamente
rápido	➜	rápidamente

Otros adverbios

siempre   mucho   poco   bien   mal

3a Busca los adverbios en el texto de **2a**.

b Haz adverbios con los adjetivos de **2a**.

INFORME DE EVALUACION

APELLIDOS: López Navarro

NOMBRE(S): Isabel Carmen

CURSO: 3º ESO

OBSERVACIONES DEL TUTOR:

Isabel es muy inconsistente. Varia entre deficiente, suficiente y bueno en todas las asignaturas. Lástima que no se esfuerza más en geografía e historia porque demuestra curiosidad, pero no entrega sus deberes a tiempo ni estudia a fondo. Es bastante descuidada en matemáticas – el año que viene necesitará ser más precisa. En cuanto a las ciencias, no pone suficiente atención a las instrucciones y por eso casi siempre termina en desastre. Espero que será más dedicada el año que viene. En tecnología no organiza bien su tiempo pero sí es entusiasta y está progresando bien. Le gustan los idiomas. Tiene una buena pronunciación en inglés y aprende bien el vocabulario oralmente. Desgraciadamente no se interesa por la gramática ni pone atención a la ortografía. El año que viene estudiará las mismas asignaturas durante más horas.

ADELANTE ⟹

Escribe un informe sobre tu compañero/a. ¿Está de acuerdo contigo?

◆RIÉNTATE p.195

El futuro

4a Lee el informe sobre Isabel otra vez. ¿Cuántas frases se refieren al futuro?

b Mira los verbos en estas frases. ¿Cómo terminan? Son iguales las terminaciones que en el tiempo presente?

trabaj**ar**   trabajar**é, -ás, -á, -emos, -éis, -án**
com**er**   comer**é, -ás, -á, -emos, -éis, -án**
escrib**ir**   escribir**é, -ás, -á, -emos, -éis, -án**

Unos verbos irregulares:

decir – diré, hacer – haré, poder – podré,
poner – pondré, querer – querré, salir – saldré,
tener – tendré, venir – vendré
hay – habr**á**

5a 🄳🄸 Lee la carta de Roberto.

b ¿Cuántos verbos del futuro hay en la carta? Escribe una lista.
Ejemplo: *estaré, ...*

c 🄳🄸 Ahora escribe los verbos en el infinitivo. Búscalos en tu diccionario si no sabes lo que significan.

d Explica las frases subrayadas de la carta a tu compañero/a.
Ejemplo: *El año que viene Roberto estará en 4° de ESO.*

6 A ti te toca. Contesta a las preguntas.
¿Qué optativas estudiarás el año que viene?
¿Estarás con el mismo grupo?
¿Te quedarás en el mismo colegio?
Si no, ¿adónde irás?

Escribe una carta a Roberto contestando a sus preguntas.

¿LO SABES?

En el 4° curso de ESO cada alumno debe elegir dos asignaturas optativas; tiene tres horas semanales de cada optativa. Además debe elegir dos asignaturas opcionales con dos horas semanales de cada una.

Las **optativas** son:

◆ música
◆ física y química
◆ biología
◆ cultura clásica
◆ tecnología

Las **opcionales** son:

◆ euskara
◆ informática
◆ nutrición
◆ educación sexual
◆ medio ambiente

¡Hola!

Me preguntas acerca del cole y cómo van mis estudios – pues te cuento que más o menos bien. Estoy en el 3° curso de Enseñanza Secundaria Obligatoria. Nosotros la llamamos ESO y es obligatoria hasta los dieciséis años. El año que viene estaré en 4° de ESO. Tendré que estudiar las mismas asignaturas pero cambiaré de horario. No iré a otro colegio pero me cambiaré a otro edificio. ¿Tú te quedarás en el mismo edificio y colegio? ¿Tendrás las mismas asignaturas?

Yo tendré más horas de clase y estaré entre los mayores del colegio con más responsabilidad de los menores. Llevaré la misma ropa porque no hay uniforme. ¿Tú podrás cambiar de uniforme o será el mismo de siempre?

Y claro ¡como tenemos exámenes importantes en dos años trabajaré como un fiera! ¡Ja ja! ¡Con lo vago que soy yo!

Roberto

¿Qué te gustaría ser?

You will learn how to ...

✓ say what you would like to be and do: *Me gustaría ser azafato. Me gustaría viajar por el mundo.*

✓ ask others what they would like to be and do: *¿Qué te gustaría ser y hacer?*

✓ give reasons and opinions: *Porque me parece interesante. Porque no quiero trabajar a solas.*

✓ give advice: *Yo que tú buscaría empleo en un hospital.*

Me gustaría ser azafato.

No me gustaría ser peluquero.

Voy a ser conductor de camiones.

Quiero ser diseñadora.

Arturo

Magda

Francisco

Javier

Camilo

Voy a ser periodista.

Isabel

Quiero ser actriz.

No quiero quedarme en paro.

Laura

No sé todavía.

Nacho

Juana

Voy a ser veterinario.

1a [▣] Escucha y anota quién habla.
Escribe lo que quiere/no quiere ser cada persona.

b Escucha otra vez y anota la razón.
Ejemplo: Arturo – azafato – interesante

▷ ADELANTE ▷

Escribe una frase sobre cada persona.
Ejemplo: A Arturo le gustaría ser azafato porque le parece interesante.

■■ **¿Te ayudo?** ■■■■■■■■■■■■

me/te/le parece interesante
creo/crees/cree que es interesante

✦RIÉNTATE
●●●●●●●●●●●●●●●●●●●●➤ **p.196**

El condicional

trabajar	trabajaría, -ías, -ía, -íamos, -íais, -ían
comer	comería, -ías, -ía, -íamos, -íais, -ían
escribir	escribiría, -ías, -ía, -íamos, -íais, -ían

Los verbos irregulares:

diría, haría, podría, pondría, querría, saldría, tendría, vendría, (hay) habría

2 Mira la página 115. ¿En qué se parece el condicional al tiempo futuro?

3 A ti te toca. Por turnos con tu compañero/a pregunta y contesta.

A: ¿Qué te gustaría hacer/ser?
B: Me gustaría hacer/ser ...
A: ¿Por qué?
B: Porque me parece que .../creo que ...

4a Escribe unas frases completas.
Ejemplo: No quiero trabajar a solas.

b Busca un consejo adecuado para cada frase.

A: No quiero trabajar a solas.
B: Yo que tú buscaría empleo en una tienda.

¿Qué me aconsejas?	
(No) quiero	trabajar a solas/al aire libre/en una oficina
	trabajar con animales/con niños/ con ordenadores
	llevar uniforme
	viajar por el mundo
	ayudar a la gente
	reparar coches
	enseñar idiomas
	cuidar enfermos

Yo que tú	haría la práctica en una escuela
	buscaría empleo en un taller/un hospital/una tienda
	escribiría al zoo
	hablaría con el profe
	estudiaría ...
	aprendería ...
	investigaría ...

c Por turnos con tu compañero/a di lo que quieres o no quieres y contesta. Sigue el ejemplo de **4b**.

5 A jugar – por turnos con tu compañero/a.

El Mago Merlin

Si te convirtiera en ..., ¿qué harías?

A: ... enfermera ...
B: Cuidaría enfermos.

Si tuvieras tres deseos ...

¿Qué harías?

¿Qué cambiarías?

¿Por qué?

¿Qué te gustaría tener?

¿Qué te gustaría ser?

¿Adónde irías?

¿Qué comprarías?

¿Qué parte del mundo visitarías?

MAÑAS · **MAÑAS** · MAÑAS

Escribe tu propio **curriculum/ficha personal**.
Añade siempre más información.

¿Te gustaría trabajar aquí?

You will learn how to ...

✓ understand job advertisements: *Ayudante domingos solamente.*

✓ choose suitable jobs for people and say why: *Pedro querrá trabajar como ayudante en un refugio de animales porque es paciente y trabajador.*

✓ ask and say how long you or others have been doing something:
   ¿Cuánto tiempo hace que estudias inglés? Lo estudio desde hace dos años.

✓ write a simple formal letter.

1 🅳🖥 Lee. ¿Por qué crees que consigue el trabajo Pedro?

> Refugio para animales maltratados necesita ayudante – mañanas, sábado o domingo. Tiene que tener paciencia, trabajar mucho, querer a los animales. Remanso de paz, Buzón 19362.

¡Sí!
Consigo el trabajo, ¡qué ilusión!

2a 🔉 Escucha la conversación. ¿Los datos son correctos?

b Corrige los datos incorrectos.

ADELANTE ⟹

¿Por qué crees que no consiguen el trabajo los otros?
Ejemplo: *Javier no consigue el trabajo porque es perezoso.*

3a Lee los anuncios. Escoge un empleo para las otras personas.
Ejemplo: *Javier – tienda de equipo deportivo*

b ¿Por qué?
Ejemplo: *Javier – domingos solamente*

c Escribe una frase sobre cada persona.
Ejemplo: *Javier querrá trabajar en la tienda de equipo deportivo porque quiere trabajar los domingos solamente.*

> **Deportes Tirofijo:** somos una tienda pequeña de equipo deportivo. Buscamos ayudante domingos solamente. C/ Alda. Recalde, 20

> Se requiere persona joven para ayudar con ventas de artesanía, sábados por la tarde. Artesanía KAIXO, C/ Simón Bolívar, 89

> Estudio de arquitectos El Coliseo busca recepcionista para los sábados por la tarde. Anotar mensajes telefónicos, atención al detalle esencial. Tfno. 906 42 20 31

> **¡Ayuda al medio ambiente!** Centro de reciclaje necesita gente a tiempo parcial con entusiasmo e interés por el proyecto. Reciclaje Bizkaia, tfno. 944 61 24 56

> Buscamos ayuda para rellenar sobres, tardes solamente 17h–19h. Burofax, Buzón 18299

4 A ti te toca. ¿Dónde te gustaría trabajar?
Por turnos con tu compañero/a pregunta y
contesta.

A: ¿Dónde te gustaría trabajar?
B: Me gustaría trabajar en ...
A: ¿Por qué?
B: Porque soy/quiero/me gustaría ...

5a 🎧 Escucha la entrevista. Copia y completa
la ficha.

¿Cuánto tiempo hace
que estudias inglés?

Hace dos años
que lo estudio.

Domicilio:	....	...... años
Idiomas:	....	...... años
Deportes:	....	...... años
	....	...... años
Instrumentos:	....	...... años
Trabajo:	....	...... meses

b Por turnos con tu compañero/a pregunta y
contesta.
¿Cuánto tiempo hace que
vives en ...?   estudias ...?   practicas ...?
juegas a ...?   tocas ...?   trabajas ...?

⊕RIÉNTATE

●●●●●●●●●●●●●●●●●●●●●●●➤ p.199

Hace + tiempo

¿Cuánto tiempo **hace que** vives aquí?
Hace tres años **que** vivo aquí.
¿Desde hace cuánto tiempo estudias inglés?
Estudio inglés **desde hace** tres años.

6a ¿En qué tiempo está el verbo? ¿Presente,
futuro o pasado?

b Escribe tus respuestas a las preguntas de **5b**.
Ejemplo: Hace dos años que vivo en ...

7a Lee la carta de solicitud.

Anuncios por palabras
TRABAJO

Se busca ayudante técnico – joven interesado
favor escribir carta con curriculum y referencias.
Arquitectos Bilbo S.A.

Bilbao, 20 de octubre 20.

Arquitectos Bilbo S.A.
Alameda de Mazarredo, 71
48003 Bilbao

Muy señores míos

Les escribo para solicitar el puesto de ayudante
técnico anunciado en el periódico local de la
semana pasada, miércoles 14 de octubre.

No tengo mucha experiencia pero estoy muy
interesado en aprender. Me llevo bien con gente
mayor y con mis compañeros de clase. Soy
sociable y bastante paciente, y me gusta trabajar.
Hablo bien inglés y estoy estudiando francés
también. Hace tres años que estudio la ESO.

Me gustaría trabajar en su estudio porque quiero
especializarme en informática más tarde y así
podré trabajar con ordenadores que me
encantan.

Adjunto mi curriculum y una carta de mi colegio.

Le agradezco su atención y quedo a la espera de
su respuesta.

Atentamente
Roberto Díaz

Roberto Díaz
Edificio Jauregui 5° izq.
48003 Bilbao

b Contesta a las preguntas.
1 ¿Qué puesto solicita Roberto?
2 ¿Tiene experiencia?
3 ¿Es perezoso?
4 ¿Cuántos idiomas habla?
5 ¿Cuánto tiempo hace que estudia la ESO?
6 ¿Por qué quiere trabajar con ordenadores?

c Escoge un empleo de **3a** y escribe una carta de
solicitud.

1a  Escucha. Copia y rellena los datos para cada persona.

Lorca
1 _____
1898
1936 (fusilado)
poeta

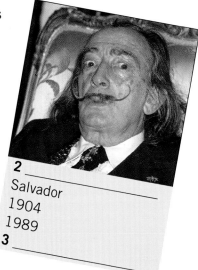

2 _____
Salvador
1904
1989
3 _____

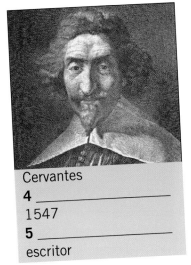

Cervantes
4 _____
1547
5 _____
escritor

Ibarruri
6 _____
1895
7 _____
política

Allende
Salvador
1909
8 _____
9 _____

Kahlo
Frida
10 _____
1954
pintora

b Di las fechas de nacimiento y de muerte y escribe las fechas con palabras.
Ejemplo: *mil ochocientos noventa y ocho*

Escucha otra vez y añade unos datos interesantes.

2a  Escucha. Escoge una palabra para describir el carácter y la actitud de la persona que habla.
Ejemplo: *1 emocionada*

b Haz la mímica de una acción o pon una cara para las palabras que quedan.
¿Tu compañero/a puede adivinar la palabra?

¿Te ayudo?

aburrido/a	tímido/a	furioso/a
cansado/a	feliz	triste
emocionado/a	impaciente	egoísta
sincero/a	torpe	gracioso/a

3a Lee la carta.

¿Qué me aconsejas?

Quisiera hacer algo útil en la vida pero no tengo la menor idea qué.

A mis padres les gustaría escoger mi carrera y tenerme organizada ganando un buen sueldo. A mi abuelita le encantaría casarme con un chico soso que vive aquí cerca y tener una decena de bisnietos como en los tiempos aquellos. A mis profes les interesaría verme pasando horas estudiando en la universidad.

Pero nadie me pregunta a mí.

¿Qué hago? ¿Qué me aconsejas?

¡Contéstame pronto!

Confusa reconfusa de Bilbao

b Contesta la carta dando tus consejos.

¿Te ayudo?

Yo que tú …
visitaría/estudiaría/trataría de/iría a/
me informaría sobre/escribiría a …

4a Describe el mundo de 2050.

¿Qué ropa llevaremos? ¿Cómo será?
¿Habrá colores diferentes?
¿Qué tipos de automóviles habrá?
¿Cómo irán los niños al colegio?
¿Cómo y dónde estudiarán?
¿Qué tipo de comida comeremos?
¿Habrá bebidas nuevas?
¿Cómo será la casa del futuro?

b ¿Cómo será tu vida dentro de cinco años?

¿Cómo pasarás tu tiempo libre?
¿Dónde vivirás?
¿Qué vas a hacer para ganarte el dinero de bolsillo?
¿Cómo lo vas a gastar?

MAÑAS · **MAÑAS** · MAÑAS

¿Qué tal tu memoria?

¿Cuántos empleos sabes nombrar de memoria?
¿Se parecen los nombres a la palabra inglesa equivalente?
Ejemplo: *arquitecto – architect*

¿Te gustaría ser libre,
gemelo de mi alma,
querido compañero
en tu jaula de plata?

¡Qué sí, qué sí,
me gustaría eso –
escaparme, pasearme
lejos de aquí!

Cierra tus ojos
y vámonos juntos.
Cuéntame lo que
quisieras hacer.

Volaría a la luna.
Nadaría por las nubes.
Correría descalzo
a orillas del mar.

Bailaría con las flores.
Bebería el rocío.
Dormiría en la selva
bajo las estrellas del mar.

Cantaría con las conchas
al fondo del océano.
Charlaría con los peces.
Comería amistad.

Flotaría en la brisa.
Pasaría por los tejados.
Respiraría alegría
feliz de la vida.

¡La veo, la veo!
¡Qué visión preciosa!
¡Qué tesoro nos ofrece
el reino soñador!

a  Escucha el poema.

b Escoge una estrofa y dibuja algo para ilustrarla.

c Escoge otra estrofa y tradúcela.

d Escoge otra estrofa más y apréndela de memoria.

e Trata de escribir unas frases poéticas parecidas.

¡SE PRONUNCIA ASÍ!

La sinalefa y el entrelazamiento

🔊 Las vocales se unen así (la sinalefa):
Va a hablar a Toni.
Las consonantes así (el entrelazamiento):
Los otros hoteles están aquí.
Van a Buenos Aires.

Busca en el poema dos ejemplos de cada uno.

MAÑAS · MAÑAS · MAÑAS · MAÑAS

Para contestar preguntas

¡Habla con calma – no corre prisa!

Si la pregunta comienza así:
¿Tienes ...?   Contesta 'Sí' o 'No'.
¿Hay ...? etc.

Si la pregunta comienza así:
¿Dónde ...?   Contesta con la información
¿Cómo ...?   que se busca con la palabra clave.
¿Cúal ...? etc.

Pregunta:

1	2	3
¿Dónde	está	el profesor?

Respuesta:

3	2	1
El profesor	está	en el colegio.

1 = palabra/ frase clave
2 = se repite
3 = se repite

Analiza cinco preguntas de la página 121.

A TI TE TOCA

Por turnos con tu compañero/a pregunta y contesta.

¿Cuánto dinero de bolsillo te dan cada semana?	Me dan ...
¿Quién te lo da?	Me lo da ...
¿Qué haces para ganarte el dinero?	Ayudo .../Trabajo como ...
¿Cómo gastas tu dinero?	Lo gasto en ...
¿Qué notas sacas en el colegio?	Saco ...
¿Qué optativas vas a escoger?	Voy a ...
¿Qué harás el año que viene?	Estudiaré ...
¿Qué te gustaría ser?	Me gustaría ...
¿Por qué?	Porque ...
¿Qué te gustaría hacer?	Me gustaría ...

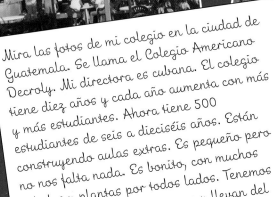

Mira las fotos de mi colegio en la ciudad de Guatemala. Se llama el Colegio Americano Decroly. Mi directora es cubana. El colegio tiene diez años y cada año aumenta con más y más estudiantes. Ahora tiene 500 estudiantes de seis a dieciséis años. Están construyendo aulas extras. Es pequeño pero no nos falta nada. Es bonito, con muchos árboles y plantas por todos lados. Tenemos buses amarillos que nos traen y llevan del colegio. Comenzamos el año escolar en enero y terminamos a finales de octubre, cuando tenemos vacaciones largas de dos meses.

Gabriel Alfonso

BIENVENIDOS
BAZAR COMITE DE PADRES
COLEGIO DECROLY AMERICANO

A

◆ Mira las fotos del colegio de Gabriel Alfonso en Guatemala y de Belén en Bilbao. ¿Qué diferencias hay? Anótalas. Escribe unas frases sobre los aspectos positivos y negativos de cada colegio.

◆ Con tu compañero/a haz una inspección de vuestro colegio por dentro y por fuera. Clasifica en dos listas los puntos positivos y los negativos.

Aquí hay unas fotos de mi colegio en Bilbao.

Belén

ESKOLA

B

ENCUESTA

◆ En grupos pequeños discutid y decidid las preguntas para un cuestionario.

¿Qué cambiarías en tu colegio?

¿De qué color ...?

¿Por qué ...?

¿Dónde pondrías ...?

¿Dónde estaría ...?

¿Cómo sería ...?

¿Habría ...?

¿Tendrías ...?

◆ Luego preparad el cuestionario.

NORMAS DE LA BIBLIOTECA

Para entrar y permanecer en la **BIBLIOTECA** es imprescindible la presentación del **CARNET ESCOLAR**, así como para consultar y llevar libros.

Puede ser requerida su presentación en cualquier momento.

La **BIBLIOTECA** es un **LUGAR DE ESTUDIO** individual.

Se debe **PERMANECER EN SILENCIO** y evitar cualquier ruido, sobre todo al entrar y salir de ella.

- <u>NO</u> se pueden utilizar los **CASCOS MUSICALES**.

- <u>NO</u> se puede **COMER** ni entrar con bebidas de ningún tipo.

- Para evitar retrasos a las clases, se destina la **HORA DE RECREO PARA PRESTAMO** de libros. (Duración máxima del prestamo, 15 días).

- En caso de pérdida del libro y deterioro (escritos, falta de hojas, etc.), el alumno deberá comprar un ejemplar semejante, ser posible, de la misma editorial.

- **EL NO CUMPLIMIENTO** de estas normas dará lugar a la **RETIRADA DEL CARNET** y la sanción correspondiente de la Jefatura de Estudios.

C

Las normas del colegio

Escribe unas normas para tu colegio.

Ejemplo: Vamos a respetar el nuevo ambiente.

Por favor (no) ...

Prohibido ...

D

◆ Diseña y describe tu uniforme ideal.

◆ Inventa un emblema o eslogan para una camiseta o un chándal para tu colegio.

Ejemplo: Mi uniforme ideal sería .../ tendría .../ llevaría ...

E

Ignacio de Loyola

Investiga en el CD-Rom o en Internet:

◆ ¿Dónde nace? ¿Sus fechas?

◆ ¿Por qué es una persona importante para los estudiantes españoles?

Salidas y diversiones

¿Qué tiempo hace?

You will learn how to …

✓ ask and say what the weather is like: *¿Qué tiempo hace hoy? Llueve.*

✓ understand a simple weather forecast: *El tiempo para hoy … Hace unos 26 grados pero hay tormentas. Mañana hará sol.*

✓ talk about activities for each season: *¿Qué se puede hacer en el invierno? Se puede ver las ruinas mayas.*

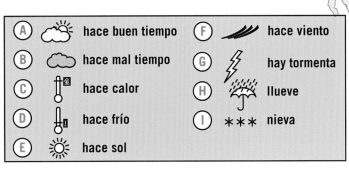

A 🌤 hace buen tiempo
B ☁ hace mal tiempo
C 🌡 hace calor
D 🌡 hace frío
E ☀ hace sol
F 🌬 hace viento
G ⚡ hay tormenta
H ☂ llueve
I *** nieva

1a 📻 ¿Qué tiempo hace hoy? Escucha y empareja los números con las letras.
Ejemplo: 1 A + C

b Mira tus notas sobre el tiempo y por turnos con tu compañero/a pregunta y contesta.

A: ¿Qué tiempo hace hoy en Méjico?
B: Hoy hace buen tiempo y calor.
A: ¿Hace frío en Méjico?
B: No, no hace frío. Hace calor.

c ¿Qué tiempo hará mañana?
¿Mañana lloverá en Méjico?

2a 📖 Lee el artículo.

b Empareja las dos partes de cada frase.

1 Hay otro fenómeno climático
2 La Niña es
3 No trata de imitar
4 Si llueve mucho con el Niño
5 Las temperaturas siguen igual

A hay inundaciones con la Niña.
B que se llama la Niña.
C los efectos del Niño.
D en la costa oeste del Perú.
E la hermana menor del Niño.

c ¿Verdad o mentira? Corrige las frases incorrectas.

Después del Niño – la Niña

Ya conocemos al fenómeno llamado el Niño y cómo afecta el clima global. Pues os cuento que tiene una hermanita que se llama la Niña que sigue sus pasos y en vez de imitarle trata de hacer todo al contrario. Tiene el efecto opuesto, es decir, una región que sufre inundaciones con el Niño experimentará sequía con la Niña. Durante los últimos quince años ha habido cada vez más evidencia de la existencia de la Niña y hoy en día los científicos están descubriendo bajas alarmantes en las temperaturas a lo largo de toda la costa ecuatoriana. De mayo a junio en 3.000 km de costa ha habido bajas de más de 15°.

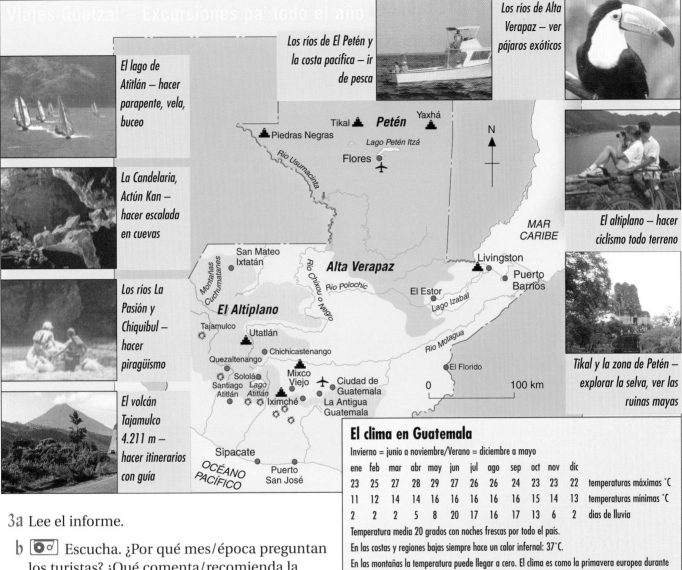

Viajes Quetzal – Excursiones pa' todo el año

El lago de Atitlán – hacer parapente, vela, buceo

La Candelaria, Actún Kan – hacer escalada en cuevas

Los ríos La Pasión y Chiquibul – hacer piragüismo

El volcán Tajamulco 4.211 m – hacer itinerarios con guía

Los ríos de El Petén y la costa pacífica – ir de pesca

Los ríos de Alta Verapaz – ver pájaros exóticos

El altiplano – hacer ciclismo todo terreno

Tikal y la zona de Petén – explorar la selva, ver las ruinas mayas

El clima en Guatemala

Invierno = junio a noviembre/Verano = diciembre a mayo

ene	feb	mar	abr	may	jun	jul	ago	sep	oct	nov	dic	
23	25	27	28	29	27	26	26	24	23	23	22	temperaturas máximas ˚C
11	12	14	14	16	16	16	16	16	15	14	13	temperaturas mínimas ˚C
2	2	2	5	8	20	17	16	17	13	6	2	días de lluvia

Temperatura media 20 grados con noches frescas por todo el país.

En las costas y regiones bajas siempre hace un calor infernal: 37˚C.

En las montañas la temperatura puede llegar a cero. El clima es como la primavera europea durante el día y como el otoño por la noche.

3a Lee el informe.

b  Escucha. ¿Por qué mes/época preguntan los turistas? ¿Qué comenta/recomienda la empleada?

mes/época	comentario	recomendación
1 junio	llueve mucho	impermeable, paraguas, botas de goma

4a Practica el diálogo.

A: Buenos días. Viajes Quetzal.

B: ¿Tiene usted información sobre el clima en abril, por favor?

A: Sí, señor/señorita. En esta época del año hace buen tiempo y no llueve mucho.

B: ¿Qué se puede hacer entonces?

A: Recomendamos la visita a Tikal donde se puede ver las ruinas mayas.

b Inventa otros diálogos cambiando el mes y la información.

c Practica tus diálogos con tu compañero/a.

ADELANTE

A: ¿Qué se podría hacer?

B: Yo que usted iría ...

5 A ti te toca.

a ¿Qué tiempo hace en tu país en el invierno/la primavera/el verano/el otoño?

b ¿Qué se puede hacer en cada época?

c ¿Qué tiempo hará mañana? Escribe el pronóstico y grábalo en una casete.

¿Qué ponen esta semana?

You will learn how to ...

✓ find out about what's on: *¿Qué ponen en el cine Real?*

✓ ask about times and prices: *¿A qué hora comienza la sesión de la tarde?*
   ¿Cuánto cuestan las entradas?

✓ buy or book tickets: *¿Quedan entradas? Quiero comprar/reservar dos.*

✓ describe a film and give your opinion of it: *Es una película de ciencia ficción. Es regular.*

1a Lee el informe.

b Escucha. ¿Qué piden o qué preguntan? ¿A qué sección del informe se refieren?
Ejemplo: 1 *¿Qué películas ponen?* – *cine*

2a Escucha y repite el diálogo.

– Dígame.

– Oiga, ¿es Real?

– Sí. ¿En qué le puedo ayudar?

– ¿Qué ponen/hay en la 1/2?

– Ponen/Hay *Titanic*.

– ¿A qué hora comienza de la tarde/noche?

– A las 16h00/20h00.

– ¿Quedan ?

– Sí.

– ¿Cuánto cuestan?

– Son €6/€4,50.

– Bueno, quiero reservar/comprar 2/4.

– Muy bien. Estarán en

– ¿A qué hora termina ?

– A las €6/€4,50.

– Gracias.

– De nada.

b Inventa otros diálogos parecidos basados en la información. Practícalos con tu compañero/a.

c ¿Qué ponen en tu barrio esta semana?

ESTA SEMANA

CINE

MIKELDI: Titanic, **IDEAL:** Robocop 3, **AVENIDA:** Misión Imposible, **CONSULADO:** Los Coyotes, **CAPITOL:** La Sirenita. Sesiones a 16h30, 19h00, 20h00. Entrada fija €4,50.

MUSEOS

GUGGENHEIM: Avenida Abandoibarra, 2. **Horario:** martes a domingo, de 11h00 a 20h00. Precios: €4,20, individual; €3,00, grupos; €2,00, estudiantes y tercera edad; menores de 12 años, entrada gratuita.
MONTREN: Edificio Concordia. El mundo del tren, tesoros de ayer y hoy. Horario: martes a domingo, de 10h30 a 13h30 y de 16h30 a 20h30. Precios: €2,70; €1,80, estudiantes y jubilados; €1,20, niños de 4 a 12 años.

CONCIERTOS

CAMPO DE SAN MAMÉS: Cupo para 30.000 personas. 25 de abril **Luciano Pavarotti**.

Precios: €15 a €160. 18 de junio **Los Rolling Stones**. Entradas desde €45.
TEATRO ARRIAGA: 14 de junio **José Carreras**. Entradas a la venta en Servicaixa.

TEATRO

ARRIAGA: Del 28 de abril al 3 de mayo **Trabajos de amor perdido** de William Shakespeare. Entradas de €4,20 a €13,50.

DISCOTECA

GARDEN: C/ Lehendakari Aguirre, 13. 30 años como animador de la noche bilbaína. Horario: de 18h00 a 22h00 y de 0h00 a 4h30; cierra los martes. Precio de la entrada de €1,80 a €7,20, con derecho a consumición.

VISITAS GUIADAS

CITY TOUR BILBAO: Salida a las 13h00, visita de 6h 30min. **Precio:** €55/persona. Información y reservas: 609 49 24 49.

Frases claves

 la entrada

 la película

 la taquilla

 la pieza

 la sesión

 la sala

---

3 ¿Qué tipos de película son?

●● **Frases claves** ●●○○

- una comedia
- una película ...
  - de aventuras
  - de ciencia ficción
  - de terror
  - del oeste
  - musical
  - romántica

4a Clasifica los adjetivos. ¿Son positivos o negativos?

b 🔊 Escucha. ¿De qué tipos de película hablan? ¿Les gustan?
Ejemplo: *1 las comedias* ✔

c Escribe su opinión.
Ejemplo: *1 Le gustan las comedias porque son graciosas.*

5a 🔊 Escucha. ¿De qué película habla?

b 📖 Lee las descripciones. ¿A qué películas se refieren?

1 Esta película cuenta la historia de un barco enorme que se hunde ...
2 Esta película trata de un extraterrestre ...
3 Es la historia de un tiburón que amenaza el público en la playa ...
4 Trata de un niño que se queda a solas en casa ...

c Por turnos con tu compañero/a inventa otras dos descripciones y adivina a qué películas se refieren.

●● **Frases claves** ●●●●●●●●●●●●●●●●○○

divertidísimo/a	buenísimo/a	malísimo/a
aburrido/a	emocionante	gracioso/a
fantástico/a	fatal	encantador(a)
regular	tonto/a	violento/a

■■ **¿Te ayudo?** ■■■■■■■■■■■■■■■

- Cuenta/Es la historia de ...
- Trata de ...
- El argumento es ...
- Tiene lugar en ...
- El personaje principal/el autor/el director es ...

d Da tu opinión sobre las películas de tu compañero/a.

ADELANTE

Escribe una descripción de una película reciente y da tu opinión sobre la película.

¿Quieres salir conmigo?

You will learn how to ...

✓ invite someone to go out: *¿Estás libre esta tarde? ¿Quieres venir conmigo al teatro?*

✓ accept an invitation: *Claro que sí. De acuerdo.*

✓ arrange when and where to meet: *¿Dónde quedamos? ¿Qué día? ¿A qué hora?*

✓ give your opinion of and compare different types of entertainment: *La música salsa es sensacional. Es mejor que el rock.*

✓ say whether you agree or disagree: *(No) tienes razón. (No) estoy de acuerdo contigo.*

1a 🖳 Lee las invitaciones.

b 🔊 Escucha las conversaciones y emparéjalas con las invitaciones.

c Anota a qué hora y dónde quedan.

d Escoge una respuesta adecuada a tres de las invitaciones.

1 Tendré que hablar con mis padres porque es muy tarde aun si vamos en grupo.

2 ¿Puedo traer a mi hermanito también? Le encanta montarse en la montaña rusa.

3 No sé si voy a ir a visitar a mis abuelos ese mes.

e Inventa y escribe la cuarta respuesta.

A
¿Quieres ir al espectáculo de fuegos artificiales a las 12 de la noche el sábado? Vamos toda la clase.

B
¡Hola! Te invito a una fiesta en casa de Pedro. Sus padres no estarán y podremos quedarnos hasta muy tarde. Viernes a las nueve en punto. ¡Estáte listo!

C
Hay una excursión al parque de atracciones el domingo por la mañana con el club deportivo. ¿Me acompañas? Llama por teléfono rápido porque quedan pocas entradas.

D
Creo que van a poner un concierto de rock pop el próximo mes. ¿Quieres venir conmigo? Me encantaría invitarte. Hablamos ...

2 Inventa unos diálogos y practícalos con tu compañero/a. Luego grábalos.

¿Estás libre esta tarde?
¿Te gustaría salir conmigo el sábado por la mañana?
¿Qué podríamos hacer?
¿Qué día?
¿Quieres venir conmigo al cine?
¿A qué hora?
¿Qué ponen hoy?
¿Qué hay?
¿Dónde quedamos?

Hay una buena película de aventuras.
El martes por la noche.
De acuerdo.
Vale.
Hay un concierto de música clásica.
Buena idea.
Enfrente del Corte Inglés.
Por la tarde a las cuatro creo.
Claro que sí.
Quedamos delante de la gasolinera.
Hay salsa en el parque.
La próxima semana.

3a Escucha la música.
¿A qué compact corresponde?

b Escucha otra vez. ¿Te gusta?
¿Cuántos puntos gana?

c Escucha. ¿Qué opinan?

música	opinión
la salsa	fenomenal

d ¿Qué opinas?
Ejemplo: La salsa es fenomenal.

¿Te ayudo?

espectacular   fabuloso/a   fenomenal
genial   horrible   pésimo/a
sensacional   sofisticado/a aburrido/a

⚥RIÉNTATE

p.189

Las comparaciones

La salsa es **más** divertida **que** la musica clásica.
El pop es **mejor que** el rock.
La música pop es **la más** divertida.
El tango es **el mejor**.

El jazz es **menos** popular **que** el ballet.
La zarzuela es **peor que** la música rock.
El jazz es **el menos** popular.
La música rock es **la peor**.

4 Siguiendo los ejemplos de arriba compara ...
  1 el cine con **el teatro**
  2 un concierto con **una disco**

  3 los libros con **las revistas**
  4 las ciencias con **las matemáticas**

5a Compara las clases de música.
  Ejemplo: La salsa es mejor/más divertida que el jazz.

b ¿Cuál es la mejor música y cuál es la peor?

c Discute con tu compañero/a y trata de convencerle de que tu opinión vale más.
  A: Yo creo que/En mi opinión ...
  B: (No) estoy de acuerdo contigo. (No) tienes razón.

¿Prefieres ver la tele?

You will learn how to ...

✓ decline an invitation: *Gracias, pero no me gustan las películas de terror.*

✓ apologise: *Lo siento, pero prefiero ver la tele.*

✓ make excuses: *No puedo. Tengo que hacer los deberes.*

✓ give your opinion of TV programmes: *Me encantan los programas de deporte.*
   Mi programa preferido es EastEnders porque es emocionante.

1a 🔊 Escucha ocho conversaciones. ¿Van a quedar? ¿Sí (✓), no (✗) o no se sabe (?)?

b Escucha otra vez. ¿Qué excusa da cada persona? Toma apuntes.

●● Frases claves ●●●●●●●●●●●●●●●●●●●●●●●●●●●●●●●●●●●●

Gracias, pero · · · · · · · no quiero .../no me gusta .../no tengo ganas.
Lo siento, pero · · · · · · no puedo/no tengo tiempo/no tengo dinero/creo que va a llover.
Tengo que · · · · · · · · · hacer los deberes/recoger mi habitación/ayudar en casa/ir a ...
Prefiero · · · · · · · · · · · quedarme en casa/ver la tele.
Estoy castigado/a.

c Por turnos con tu compañero/a pregunta y contesta.

A: ¿Quieres venir conmigo al cine mañana?
B: Lo siento, pero prefiero ver la tele.

■■ ¿Te ayudo? ■■■■

pasado mañana
la próxima semana
el mes que viene

2 Escribe una respuesta a una de las invitaciones de la página 130 explicando por qué no puedes ir.

Los programas

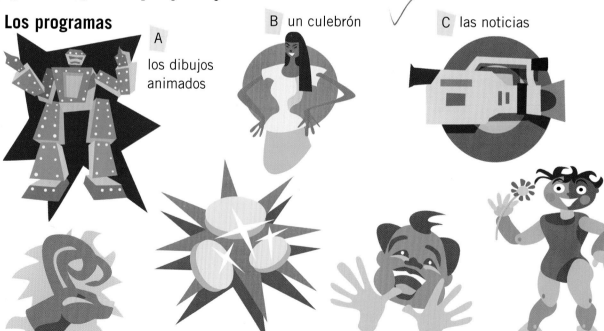

A los dibujos animados

B un culebrón

C las noticias

D un documental

E un concurso/un juego

F una comedia

G un programa infantil

3a  Escucha y empareja lo que dicen con los dibujos de la página 132.

b Escucha otra vez. ¿Qué opinan?

c ¿Tú qué opinas? ¿Qué ves y qué no ves en la tele? Escribe unas frases.
Ejemplo: *Me gustan los culebrones. Siempre veo EastEnders: es mi programa preferido porque ...*

ADELANTE

¿Qué te gusta más? ¿Por qué?
Escribe un párrafo.
Ejemplo: *Los culebrones son los mejores programas. Me gustan porque ... Son más emocionantes que ...*

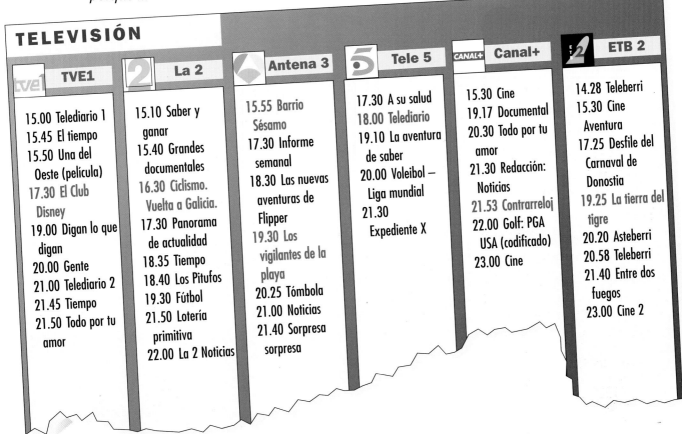

TELEVISIÓN

TVE1	La 2	Antena 3	Tele 5	Canal+	ETB 2
15.00 Telediario 1	15.10 Saber y ganar	15.55 Barrio Sésamo	17.30 A su salud	15.30 Cine	14.28 Teleberri
15.45 El tiempo	15.40 Grandes documentales	17.30 Informe semanal	18.00 Telediario	19.17 Documental	15.30 Cine Aventura
15.50 Una del Oeste (película)	16.30 Ciclismo. Vuelta a Galicia.	18.30 Las nuevas aventuras de Flipper	19.10 La aventura de saber	20.30 Todo por tu amor	17.25 Desfile del Carnaval de Donostia
17.30 El Club Disney	17.30 Panorama de actualidad	19.30 Los vigilantes de la playa	20.00 Voleibol – Liga mundial	21.30 Redacción: Noticias	19.25 La tierra del tigre
19.00 Digan lo que digan	18.35 Tiempo	20.25 Tómbola	21.30 Expediente X	21.53 Contrarreloj	20.20 Asteberri
20.00 Gente	18.40 Los Pitufos	21.00 Noticias		22.00 Golf: PGA USA (codificado)	20.58 Teleberri
21.00 Telediario 2	19.30 Fútbol	21.40 Sorpresa sorpresa		23.00 Cine	21.40 Entre dos fuegos
21.45 Tiempo	21.50 Lotería primitiva				23.00 Cine 2
21.50 Todo por tu amor	22.00 La 2 Noticias				

4a Clasifica los programas resaltados en rojo. Da un título equivalente en inglés.
Ejemplo: *Barrio Sésamo – programa infantil = Sesame Street*

b ¿A qué hora y en qué cadena hay un programa para una persona que prefiere ver ...?
  1 deporte
  2 dibujos animados
  3 las noticias
  4 un documental
  5 un juego o un concurso

5a Discute con tu compañero/a y organiza tu noche de tele.

b ¿Qué vais a ver, a qué hora, en qué cadena? Escribe.

6 Por turnos con tu compañero/a da un título inglés y explica qué tipo de programa es y de qué trata.
Ejemplo: *EastEnders es un culebrón que trata de unas familias que viven en el este de Londres.*

ADELANTE ➡

EL TIEMPO

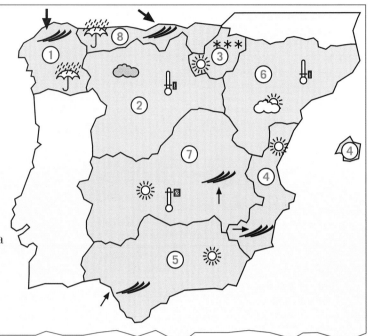

- **Andalucía** – Los cielos estarán en general poco nubosos o despejados. Brumas matinales en las sierras. Vientos flojos del oeste y sur.

- **Galicia** – Vientos fuertes del norte con probables chubascos. Posiblemente habrá granizo y lluvias fuertes.

- **Navarra y Rioja** – Habrá nieve en toda la región con cielos claros por la tarde.

- **Castilla y León** – Cielos cubiertos por toda la región. Temperaturas en descenso con posibilidad de lluvias más tarde.

- **Valencia, Murcia y Baleares** – Días soleados con vientos flojos del oeste.

1a Lee el pronóstico del tiempo para enero.

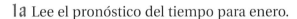

b Busca los símbolos e identifica las zonas en el mapa.

c Escribe el pronóstico para las otras tres zonas.
- Aragón y Cataluña (6)
- Madrid, Castilla – La Mancha y Extremadura (7)
- Asturias, Cantabria y País Vasco (8)

2a 📼 Escucha la entrevista en la tele. Anota el orden de las preguntas.
- **A** ¿Vivirá usted siempre en este país?
- **B** ¿Qué hará en el futuro, cree usted?
- **C** ¿Viajará el próximo año?
- **D** ¿Qué le gustaría cambiar en su vida?
- **E** ¿Cómo será usted en veinte años?
- **F** ¿Adónde iría usted?
- **G** ¿Seguirá con el mismo estilo de música?

2b Busca una respuesta adecuada a cada pregunta.
1. Primero iría al Japón y luego a los Estados Unidos.
2. Cambiaría mi nariz.
3. Me gustaría cambiar el estilo de mi música.
4. Creo que estudiaré la fotografía.
5. Tendré el pelo de otro color y seré un poco más serio.
6. Me gustaría viajar pero no tengo dinero.
7. Me gusta viajar pero también me gusta mi país – creo que viviré aquí siempre.

c Por turnos con tu compañero/a imagina que eres el personaje y practica la entrevista.
(¿*Tú* o *usted*?)

d Inventa una ficha personal y escribe un reportaje sobre el personaje.

3a Escoge a otro personaje y prepara una entrevista parecida.

b Con tu compañero/a graba la entrevista.

4a Lee y busca un comentario para cada titular.
¡Cuidado: hay ocho titulares y sólo seis
comentarios!

Los Oscar

Festival Picasso

Teledigital

Libro de terror

Deporte Vasco

FESTIVAL DE JAZZ

Festival internacional –
el Premio Donostia

Música pop rock

A Fundado en 1953 en San Sebastián es uno de los más
importantes festivales anuales en el calendario del
cine internacional. Siempre cuenta con más de 100.000
visitantes de todas partes del mundo.

B Mide 34 cm y pesa 4 kg. Más de un billón de
televidentes en más de 100 países diferentes lo
ven cada año. El título exacto es El Premio de
Mérito de la Academia.

C Málaga en octubre a partir del 05
conmemora siempre su hijo famoso con
espectáculos en la calle de títeres y
muñecos picassianos, conciertos y
homenajes.

D La Liga de 1a división en vía digital
a partir del próximo 30 de agosto.
Abónate llamando al 902 200 035
o acude a un distribuidor autorizado.

E Stephen King cuenta una historia escalofriante de
Cujo, un perro San Bernardo pacífico y bonachón,
amigo de jugar con los niños, hasta que 'algo' le
convierte en un animal asesino capaz de acabar
con la vida de todos sus vecinos.

F De los juegos populares en la
actualidad hay 'Aitzkora', cuando
cortan unos troncos enormes con
hacha, o 'Idi-probak', cuando
arrastran piedras con una pareja
de bueyes ...

b Escribe un comentario para los dos titulares
que sobran.

5a 🔊 Escucha la encuesta telefónica. ¿Por qué
no están de acuerdo? Anota las razones.
Ejemplo: *1 Porque hay muchos programas
buenos para los niños pequeños.*

b Ahora escribe tu opinión sobre
 1 un libro
 2 una película
 3 una estrella de cine
 4 un grupo rock
 5 un programa de la tele

c Por turnos con tu compañero/a di que no estás
de acuerdo con su opinión.

 A: Me parece que *Godzilla* es una película
 exagerada y estúpida.
 B: No estoy de acuerdo contigo: me parece
 sensacional.

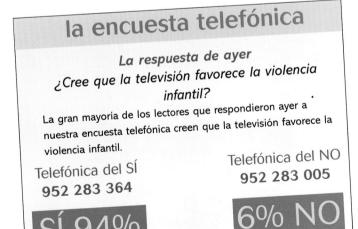

la encuesta telefónica

La respuesta de ayer
¿Cree que la televisión favorece la violencia
infantil?

La gran mayoría de los lectores que respondieron ayer a
nuestra encuesta telefónica creen que la televisión favorece la
violencia infantil.

Telefónica del SÍ
952 283 364

Telefónica del NO
952 283 005

SÍ 94%

6% NO

6 Escribe un párrafo explicando cómo pasas tu
tiempo, qué diversiones te gustan y cuánto
tiempo pasas haciendo cada cosa.

Leyendas

En todas las culturas del mundo hay fábulas y leyendas que tratan de explicar los orígenes del hombre y de la tierra. Aparecen de muchas formas – en inscripciones, en estatuas, en poemas, en pirámides y en pinturas en las cuevas ...

Muchas veces siguen la tradición oral, como en el País Vasco donde los Bertsolaris cantan y cuentan las historias del día o de los gentiles – gigantes míticos. No existe texto escrito en la lengua vasca – el euskara – hasta el siglo dieciséis.

En Guatemala hay el *Popol Vuh de los mayas k'iche'*, obra sagrada para los quichés. Significa en la lengua indígena "libro de la comunidad". Aquí se narra la creación del mundo, según las concepciones de esta grandiosa cultura de una de las más antiguas civilizaciones de América. Fray Francisco Ximénez descubre el manuscrito original en Chichicastenango, Guatemala, a principios del siglo XVIII (1701–1703) y lo traduce al castellano.

Investiga una leyenda o fábula. Explica

- cómo se llama
- de qué trata
- quiénes son los personajes principales
- y dónde viven.

Ilustra tu versión en un estilo apropiado.

MAÑAS · MAÑAS · MAÑAS · MAÑAS

¡Ojo con los amigos falsos!

a **D** ¿Qué significan estas palabras? Busca los significados en tu diccionario y apréndelos.

actual	largo	pasar un examen
agenda	librería	sensible
éxito	marrón	simpático
juicioso	pariente	

b ¿Conoces otros ejemplos?

c Haz un póster de 'amigos falsos' para tu habitación o tu clase.

A TI TE TOCA

Por turnos con tu compañero/a pregunta y contesta.

¿Qué tiempo hace?	Hace ... Está ...
¿Cómo es el clima en abril?	En abril ...
¿Qué se puede hacer?	Se puede ...
¿Qué ponen en el cine?	Ponen ...
¿Qué tipo de película es?	Es ...
¿A qué hora comienza y termina?	Comienza a ... y termina a ...
¿Cuánto cuestan las entradas?	Cuestan ...
¿Quieres salir conmigo esta tarde?	Lo siento, pero ...
¿Quieres venir a un concierto mañana?	Sí, ...
¿Dónde quedamos? ¿A qué hora?	..., a las ...
¿Qué opinas? ¿Cuál es la mejor/peor música?	...
¿Qué tipo de programa prefieres?	Prefiero ...
¿Cuál es tu programa preferido?	Siempre veo ...

A Busca unos periódicos, tebeos y revistas de tu país.
◆ ¿Cómo se llaman?
◆ ¿De qué tratan?

C ¡Paren las prensas! Sale una revista nueva.
En grupos vais a preparar la primera plana de una revista.
◆ ¿Cómo se llamará vuestra revista? Inventa un nombre.
◆ ¿De qué tratará? Pensad y discutid el tema de la primera página.
◆ ¿Cómo vais a presentarlo? Escribe el titular del artículo.

nombre
título
titular
foto
dibujo
puntos importantes

B

ENCUESTA

◆ ¿Qué revistas se leen?
◆ ¿De qué tratan?
◆ ¿Cuánto se gasta en revistas al mes?

🖥 Presenta el resultado de forma gráfica con una explicación escrita.

BERRIAK

Luis Buñuel 1900-1983

Nace en Calanda, España. Estudia con los jesuitas en Zaragoza y luego en la universidad de Madrid. Allí conoce a Federico García Lorca, Salvador Dalí y Manuel de Falla entre otros. En 1925 deja España y busca el arte surrealista en Francia. Regresa a España para luchar con los Republicanos durante la guerra civil, al final de la cual se exilia a los Estados Unidos. Gana muchos premios internacionales por sus obras maestras *Viridiana* (1961), *Bella de día* (1966), *El discreto encanto de la burguesía* (1972).

D

◆ Busca en el CD-Rom o en Internet información sobre Aleán o Saura. Escribe un resumen.

◆ ¿Quién es tu director de cine preferido? ¿Por qué te gusta? ¿Qué películas dirige? Escribe un breve reportaje sobre su mejor película.

Anuncios y propaganda

El lugar para comprar. Variedad de vestidos importados para cualquier ocasión. Promoción válida hasta el 8 de noviembre. Antes Q225,00 Ahora Q139,90.

¡Productos exclusivos de ZaZ KiDZ!

Encontrará productos de marcas prestigiosas a precios ventajosos.

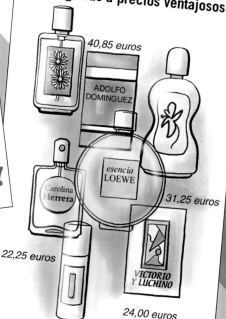

ADOLFO DOMINGUEZ — 40,85 euros
Carolina Herrera — 22,25 euros
esencia LOEWE — 31,25 euros
VICTORIO Y LUCHINO — 24,00 euros

Increíble refrescante frutas exóticas y cremosas — *el nuevo sabor IGLÚ.*

E

Escucha y lee. Inventa unas canciones para anuncios parecidas.

increíble	fantástico
original	muchísimo
poquísimo	exclusivo
sensacional	único

Repaso 3

Mira las secciones *A ti te toca*
páginas 109, 123, 137

1a Mira los dibujos y escribe una
lista de compras.

b  Escucha y reorganiza el diálogo según la grabación. Escríbelo.

c Practica el diálogo con tu compañero/a.

d Practica otro diálogo usando los dibujos.

¿Cuánto es?

... Nada más, gracias.

Me gustaría comprar ...

Sí, necesito ...

Son ... en total.

Buenos días.

¿Es todo?

¿Algo más?

2a Practica el diálogo con tu compañero/a.

– Quisiera comprar **unas sandalias**.
– De tu número tenemos **éstas** en blanco,
  ésas en rojo o **aquéllas** en verde.
– Prefiero **éstas** en blanco – no me
  gustan **ésas** en rojo ni **aquéllas** en verde.

b Inventa otros diálogos usando los dibujos.

3a Por turnos con tu compañero/a pregunta y contesta.

A: ¿Te gustaría ser peluquero?
B: Sí./No, me gustaría ser ...
A: ¿Por qué?
B: Porque me parece interesante y divertido.

b Escribe.
A mi compañero/a le gustaría ser ... o ...
No le gustaría ser ... ni ...
A mí me gustaría ser ... o ...
No me gustaría ser ... ni ...

4a Lee los anuncios.

b 🔲 Escucha. Hay unos errores en la grabación. Anótalos.

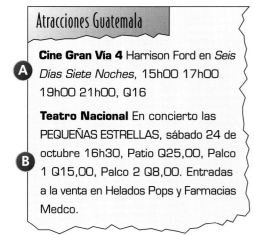

Atracciones Guatemala

A **Cine Gran Via 4** Harrison Ford en *Seis Días Siete Noches*, 15h00 17h00 19h00 21h00, Q16

B **Teatro Nacional** En concierto las PEQUEÑAS ESTRELLAS, sábado 24 de octubre 16h30, Patio Q25,00, Palco 1 Q15,00, Palco 2 Q8,00. Entradas a la venta en Helados Pops y Farmacias Medco.

Varios San Sebastián

C **Piscinas Paco Yoldi** Paseo Anoeta Tel. 943 48 18 70. Adultos €3,50, niños menores de 16 años €2,00, grupos de 15 personas €1,50. Abierto diario 07h00–21h30, domingos y festivos 09h00–13h30.

D **Parque de Atracciones Monte Igueldo**. Entrada €1,20, concesiones para grupos €0,90. Funicular del Real Club de Tenis o bus no. 16 Alameda. Abierto 11h–20h sábados, domingos y festivos 10h–22h época de verano. Tel. 943 21 02 11.

c Corrige los datos incorrectos.
Ejemplo: *El concierto comienza a las cuatro y media (no a las siete).*

d Escribe una nota a tu compañero/a invitándole a salir.

5a Lee el email.

b Por turnos con tu compañero/a imagina que eres Arantxa o Belén. Pregunta y contesta.
1 ¿Adónde irás?
2 ¿Cómo viajarás?
3 ¿Qué tiempo hará?
4 ¿Qué tipo de ropa llevarás?
5 ¿A qué hora llegarás?
6 ¿Qué regalos llevarás?
7 ¿Qué excursiones harás?
8 ¿Qué más harás allí?

c Contesta a Belén con tus ideas sobre lo que harás para celebrar su regreso.

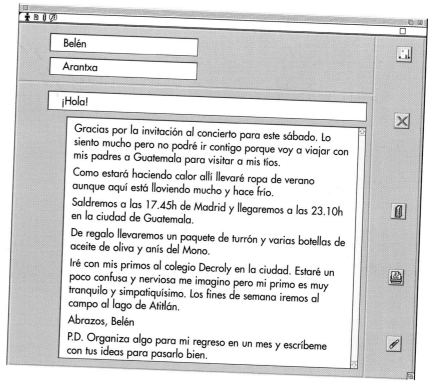

Belén

Arantxa

¡Hola!

Gracias por la invitación al concierto para este sábado. Lo siento mucho pero no podré ir contigo porque voy a viajar con mis padres a Guatemala para visitar a mis tíos.

Como estará haciendo calor allí llevaré ropa de verano aunque aquí está lloviendo mucho y hace frío.

Saldremos a las 17.45h de Madrid y llegaremos a las 23.10h en la ciudad de Guatemala.

De regalo llevaremos un paquete de turrón y varias botellas de aceite de oliva y anís del Mono.

Iré con mis primos al colegio Decroly en la ciudad. Estaré un poco confusa y nerviosa me imagino pero mi primo es muy tranquilo y simpatiquísimo. Los fines de semana iremos al campo al lago de Atitlán.

Abrazos, Belén

P.D. Organiza algo para mi regreso en un mes y escríbeme con tus ideas para pasarlo bien.

6 Escribe tu agenda para los primeros días de vacaciones que vas a pasar con tus amigos. ¿Qué haréis mañana en vuestro primer día?
Ejemplo: *Mañana es viernes. Por la mañana iremos a ...*

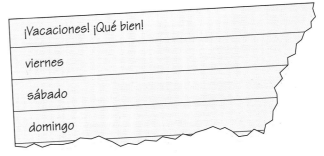

¡Vacaciones! ¡Qué bien!

viernes

sábado

domingo

¿Adónde fuiste?

You will learn how to ...

✓ ask people where they went: *¿Adónde fuiste la semana pasada?*
✓ say where you went and why: *El fin de semana pasado fui al cine a ver la nueva película de Brad Pitt.*

1a 📼 Escucha y anota el orden en que oyes las frases.

> **A** Ayer fui a un club a escuchar jazz.

> **B** El verano pasado fui de vacaciones a los Picos de Europa con el club de jóvenes.

> **C** El lunes pasado fui al dentista.

> **D** La semana pasada fui al cine a ver la nueva película de Brad Pitt.

> **E** El fin de semana pasado fui a San Sebastián a visitar a mi padre.

> **F** Anteayer fui al centro comercial a comprar unos vaqueros.

> **G** Hace dos semanas fui a la fiesta de mi amigo.

b Busca una foto para cada frase.

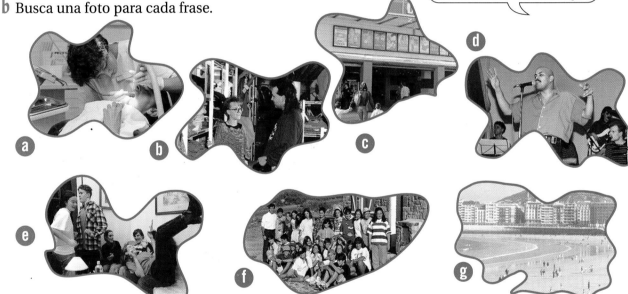

a   b   c   d
e   f   g

⊕RIÉNTATE

p.197

El tiempo pretérito del verbo *ir*

	ir
(yo)	fui
(tú)	fuiste
(él/ella/usted)	fue

2a Por turnos con tu compañero/a pregunta y contesta.

> **A:** Foto **d**. ¿Adónde fuiste la semana pasada?
> **B:** Fui a ...

b ¿Adónde fue? Escribe una frase sobre cada foto.
Ejemplo: ***d** – Ayer **fue** a un club a escuchar jazz.*

3a 📖 Copia y completa la línea.

> ← A D E L A N T E

Continúa la línea.

anteayer	ayer	hoy
(lunes)	(martes)	(miércoles)

la semana pasada	el lunes pasado
el fin de semana pasado	el verano pasado
hace dos semanas	hace un mes

esta tarde	pasado mañana
mañana	el próximo verano
la semana que viene	el mes que viene

A D E L A N T E →

b Por turnos con tu compañero/a.

A: ¿Adónde fuiste ayer/anteayer/...?
B: Fui al centro comercial.
A: ¿A qué?
B: A comprar unos vaqueros.
A: ¡Qué bien!

¿Adónde vas a ir esta tarde/mañana/...?

■ ■ **¿Te ayudo?** ■ ■ ■ ■ ■ ■ ■ ■ ■ ■ ■ ■ ■

¡Qué interesante! ¡Qué bien!
¡Qué aburrido! ¡Qué viaje tan largo!
¡Qué raro! ¡Qué divertido!
¡Qué tontería!

4a Lee el folleto.

VIAJES DE ARRIAGA

lunes*lundi*montag*maandag
SAN SEBASTIAN

precios: adultos €25,60 niños €18
visitas: playa de Ondarreta, Palacio Miramar

martes*mardi*dienstag*dinsdag
PUEBLOS INTERIORES

precios: adultos €21 niños €16,50
visitas: Monasterio de la Oliva, Bodegas
(degustación)

jueves*jeudi*donnerstag*donderdag
PAMPLONA VISITA

precios: adultos €24 niños €18,20
entrada Museo de Navarra incluida

viernes*vendredi*freitag*vrijdag
BODEGAS DE HARO

precios: adultos €21 niños €16,50
entrada Bodegas de Haro incluido
(degustación)

sábado*samedi*samstag*zaterdag
EXCURSION COSTA VASCA

precios: adultos €21 niños €14,50
visitas: Lekeitio, Ondarroa, Getaria
entrada Museo del Pescador incluida

FRONTON, CLUB DEPORTIVO

precios: adultos €15 niños €8,50

b 📼 Escucha y anota adónde fue Mari Luz.

lunes	
martes	
miércoles	

c ¿Mari Luz recuerda bien o no?
Busca y corrige los errores en su diario.

¿Dónde te alojaste?

10

You will learn how to …

✓ ask people how they travelled, where they stayed and whether they enjoyed themselves:
¿Cómo viajaste? ¿Dónde te alojaste? ¿Qué tal lo pasaste?

✓ say how you travelled, where you stayed and whether you enjoyed yourself: *Viajé en avión.*
Me alojé en una pensión. Lo pasé muy bien.

1a 🔊 Escucha y lee.

– ¿Adónde fuiste de vacaciones en verano?
– Fui a Guatemala a visitar a mis primos.
– ¿Cómo viajaste?
– Viajé en avión.
– ¿Dónde te alojaste?
– Me alojé en casa de mis tíos, a las afueras de la ciudad de Guatemala.

b Practica el diálogo con tu compañero/a.

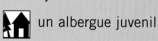

¿Dónde te alojaste?

2a 🔊 Escucha cinco diálogos y anota los datos.

¿Adónde fue?	¿Dónde se alojó?
1 ciudad de Guatemala	en casa de sus tíos

¿Adónde fuiste?

Fui a …
los Picos de Europa
San Sebastián
las Cuevas de Altamira
la ciudad de Guatemala
Bilbao

Me alojé en …
🏠 un albergue juvenil
⛺ un camping
🛏 una pensión
🅷 un hotel
🏠 casa de …

b Escucha otra vez y anota.

¿Cómo viajó?	¿Qué tal lo pasó?
	😊 😐 😠

¿Cómo viajaste?

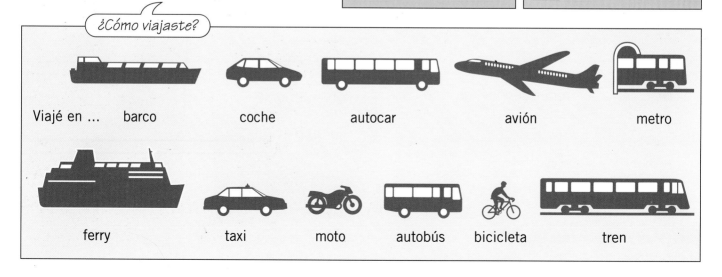

Viajé en … barco   coche   autocar   avión   metro

ferry   taxi   moto   autobús   bicicleta   tren

3 Mira tus datos de la actividad **2** e inventa un diálogo con tu compañero/a.

> ¿Adónde fuiste?

> ¿Cómo viajaste?

> ¿Dónde te alojaste?

> ¿Qué tal lo pasaste?

⊕ RIÉNTATE
p.196

El tiempo pretérito de los verbos en -AR

	viajAR	alojARse
(yo)	viajé	me alojé
(tú)	viajaste	te alojaste
(él/ella/usted)	viajó	se alojó

4a Lee la carta de la señora de Vela.

El fin de semana pasado lo pasé muy bien. Visité las Cuevas de Altamira, cerca de Santander. Me alojé en una pensión muy bonita en Santillana del Mar. Es un pueblo antiguo, muy bonito, muy tranquilo. Viajé en tren hasta Santander y después en autobús. Llegué el viernes por la tarde, bastante cansada, así que cené en la pensión y me acosté temprano. El sábado me levanté a las siete y media, muy entusiasmada. Fui a la Plaza Mayor a coger un taxi para ir a las Cuevas. Pasé unas horas muy interesantes allí – visité el pequeño museo y compré unas postales y unos recuerdos.

b Vas a entrevistar a la señora de Vela. Escribe tus preguntas.

> ¿Qué tal lo pasó usted?
> ¿Qué ...?   ¿Cómo ...?
> ¿Cuándo ...?   ¿A qué hora ...?
> ¿Adónde ...?   ¿Qué día ...?

👓...

llegar
llegué
llegaste
llegó

c Por turnos con tu compañero/a toma el papel de la señora de Vela y entrevístala. Grabad el diálogo.

Escribe el diálogo.

5 A ti te toca. Escribe un párrafo sobre el fin de semana pasado o un viaje reciente.
   ◆ ¿Adónde fuiste?
   ◆ ¿Cómo viajaste?
   ◆ ¿Qué compraste?
   ◆ ¿Visitaste algún sitio?
   ◆ ¿Qué tal lo pasaste?

¿Qué hiciste?

You will learn how to ...

✓ ask people what they did: *¿Qué monumentos viste? ¿A qué hora saliste? ¿Compró usted algún recuerdo?*

✓ talk about what you did: *Visité las ruinas mayas. Escribí unas postales. Comí en un restaurante.*

✓ talk about what someone else did: *Comió frijoles volteados.*

1a Mira los verbos. Adivina y escribe los infinitivos.

b Copia y completa la historia de Borja con los verbos adecuados.

salí	hablé	volví	bebí	pasé
compré	me alojé	fui	vi	visité
viajé	encontré	comí		

_____ unos días en San Sebastián. _____ en tren y _____ en un albergue. _____ a la Playa de Ondarreta donde _____ el Peine del Viento, la escultura de Eduardo Chillida. También _____ la Parte Vieja, la zona peatonal. _____ unos recuerdos y _____ un restaurante muy barato donde _____ merluza, una especialidad típica vasca. Por la noche _____ a una discoteca en la playa de La Concha. Hay muchas cafeterías y bares por ahí. _____ unas copas y _____ con unas chicas. _____ al albergue muy tarde, muy cansado, muy contento.

c 📼 Escucha y verifica.

⊕RIÉNTATE

→ p.196

El tiempo pretérito de los verbos en -ER e -IR

	comER	**salIR**
(yo)	comí	salí
(tú)	comiste	saliste
(él/ella/usted)	comió	salió

2a Compara las terminaciones de estos verbos con el verbo *viajar* (página 145).

b Copia y completa estas preguntas.
   Ejemplo: ¿Adónde (ir)? ¿Adónde fuiste?
   1 ¿Qué monumentos (ver)?
   2 ¿A qué hora (salir) a la discoteca?
   3 ¿A qué hora (volver) al albergue?
   4 ¿(Escribir) unas postales?
   5 ¿Qué (comer) en el restaurante?

c 📼 Escucha y anota las respuestas de Borja.

3a Un estudiante va a entrevistar a Belén para la revista del colegio.
Lee su lista de preguntas.

1 ¿Adónde fuiste de vacaciones?
2 ¿Con quién fuiste?
3 ¿En qué época del año fuiste?
4 ¿Cómo viajaste?
5 ¿Dónde te alojaste?
6 ¿Qué hiciste interesante?
7 ¿Qué viste?
8 ¿Visitaste algo interesante?
9 ¿Qué compraste?
10 ¿Qué comiste diferente?
11 ¿Qué tiempo hizo?
12 ¿Cuánto tiempo estuviste allí?
13 ¿Qué tal lo pasaste?

OJO

hacer	estar	ver
hice	estuve	vi
hiciste	estuviste	viste
hizo	estuvo	vio

c Belén describe su estancia en Guatemala. Escucha y anota el orden correcto de las fotos.

d Escucha otra vez y con la ayuda de la casete escribe una frase para cada foto.
Ejemplo: *A – Belén se alojó en casa de sus primos en Guatemala.*

e Mira las fotos y el texto.
Por turnos con tu compañero/a inventa una entrevista con Belén.

ADELANTE

Investiga Guatemala en el CD-Rom o en la biblioteca. Da respuestas alternativas.

f Da respuestas personales y describe unas vacaciones tuyas.

g Escribe un párrafo de un artículo para la revista del colegio.
Ejemplo: *Este verano Belén fue a Guatemala ...*

b Escoge una respuesta adecuada a cada pregunta.

A Visité Antigua, la antigua Guatemala, a unos 45 km de la ciudad.
B Me alojé en casa de mis tíos a las afueras de la ciudad.
C Fui en invierno, en agosto.
D Fui a Guatemala a visitar a mis primos.
E Fui con mis padres.
F Hizo mucho calor, pero llovió cada dos días.
G Fui al Museo del Traje. ¡Qué interesante!
H Vi las joyas mayas de jade en el Museo Nacional.
I Viajé en avión y luego en taxi.
J Compré una máscara fenomenal.
K Estuve cuatro semanas, un mes.
L Comí frijoles volteados. ¡Deliciosos!
M ¡Fenomenal! Lo pasé muy bien. Es un país con una historia muy interesante. Me gustaría volver.

¡Saludos desde Bilbao!

You will learn how to ...

✓ talk about what you did as a group: *Fuimos al Museo de Bellas Artes. Vimos las procesiones de Semana Santa.*

✓ ask people what they did as a group: *¿Adónde fuisteis? ¿Qué comisteis?*

✓ talk about what others did: *Fueron a Bilbao. Escucharon música en un bar.*

Calendario

Del 3 al 11 de abril las procesiones de Semana Santa recorren Bilbao, aportando tradición y devoción a las calles de la ciudad. Procesiones cada día.

12 de abril: 44 edición del Gran Premio Primavera de Ciclismo Profesional. Participación de los ciclistas más importantes de la élite mundial. Comienzo: 08.45h.

31 de mayo: El Athletic Club y la selección de Brasil, con sus principales figuras (Ronaldo, Romario, Rivaldo, Leonardo ...), se enfrentan en un partido de carácter amistoso.

14 de junio: Final del 29 Torneo Interpueblos de Bizkaia de Pelota a Mano. La fiesta del año de la pelota. Comienzo: 11.00h.

18 de junio: Concierto de los Rolling Stones en el campo de San Mamés.

Noche

La Boheme: Pza de Arriquibar, 5. Karaoke para terminar cantando.

Caché Latina: C/ Ripa, 3. Para bailar a ritmos latinos.

Rock Star: C/ Gran Vía, 87. Música en vivo. Grupos que empiezan.

Crystal: C/ Buenos Aires, 5. Discoteca. Espectáculos de transformismo.

El Azulito: C/ Particular de Estraunza, 1-3. Copas. Muy bilbaíno.

Bristol: Plaza Venezuela, 1. Cócteles. Bar cibernético.

Arábicas: C/ Rodríguez Arias, 4. Los mejores cafés del mundo.

A ver

Basílica de Begoña. Se encuentra en lo alto de una colina que domina Bilbao, a la que puede llegarse a pie o utilizando un ascensor que parte de la calle Esperanza. La iglesia es del siglo XVI y en sus inmediaciones se extiende un amplio parque.

Teatro Arriaga. De estilo neoclásico, este magnífico edificio acoge una programación cultural variada.

Monte Artxanda, una zona acondicionada para el ocio con amplios espacios, paseos, bares y restaurantes, zonas de juegos infantiles, desde la que se obtiene la mejor vista de Bilbao.

Gastronomía

Bola-Viga: C/ Enrique Eguren, 4. Especialidades: bacalao, rabo de buey y merluza.

Drugstore: C/ Telesforo Aranzadi, 4. Cocina vasca tradicional.

Cliper: Pza. Zabálburu, 2. Cocina tradicional, chuleta de buey y marisco.

Gaiko: C/ Bertendona, 2. Restaurante para menús rápidos.

Colorado: C/ Barrenkale, 5. Cocina peruana criolla.

El Charro Loco: Alda. Recalde, 11. Cocina mexicana.

El Morro: C/ Arbolantxa. Comida cubana.

Garibolo: C/ Fernández. Comida vegetariana.

LA BARRACA

ESPECIALIDAD EN PAELLAS, COCIDO, COMBINADOS DE CARTA Y ALGUNAS COSAS MAS

Museos

Taurino de Bilbao: Repasa la historia de la Tauromaquia en Bilbao y Bizkaia. De 10.00 a 13.00, y de 16.00 a 18.00 horas, de lunes a viernes.

Guggenheim: Cuenta con una colección propia que incluye obras que abarcan un amplio espectro del arte moderno y contemporáneo desde mediados de siglo. Martes a domingo, de 11.00 a 20.00 horas.

Arqueológico, Etnográfico e Histórico Vasco: Sus colecciones recogen la Prehistoria y Arqueología de Bizkaia, y la Etnografía e Historia del País Vasco. De martes a sábado, de 10.30 a 13.30 y de 16.00 a 19.00. Domingos de 10.30 a 13.30.

Bellas Artes de Bilbao: En este museo se integran el primitivo Museo de Bellas Artes de Bilbao, fundado en 1908, y el Museo de Arte Moderno. De martes a sábado, de 10.00 a 13.30 y de 16.00 a 19.30. Domingos de 10.00 a 14.00.

1a Empareja cada dibujo con el texto adecuado.
Ejemplo: 1 Taurino de Bilbao

b Dibuja más ejemplos para tu compañero/a.

2a 🔊 Gil y Raquel fueron a Bilbao. Escucha una entrevista con ellos y anota las preguntas.

b Escucha otra vez y busca los sitios mencionados en el folleto.

c Mira el bocadillo y completa las respuestas de Gil y Raquel.

d ¿Adónde fueron? ¿Cuándo?
Escucha otra vez y completa su itinerario.

¿Adónde fuisteis?
¿Qué hicisteis?

Vimos ...
Visitamos ...
Comimos ...
Escuchamos ...
Decidimos ...
Fuimos ...
Bailamos ...
Bebimos ...

	mañana	tarde	noche
viernes	(viaje)		
sábado			
domingo			

ADELANTE ➡️

Escribe frases completas.

⊕RIÉNTATE

.... ➤ **p.196**

La forma plural del tiempo pretérito

	ir	*viajAR*	*comER*	*salIR*
(nosotros)	fuimos	viajamos	comimos	salimos
(vosotros)	fuisteis	viajasteis	comisteis	salisteis
(ellos/ellas/ustedes)	fueron	viajaron	comieron	salieron

3 Busca los ejemplos en el texto de **2a** y escríbelos en tres categorías: **-AR**, **-ER**, **-IR**.

4a Vas a pasar el próximo fin de semana en Bilbao con un grupo de tu colegio.
Discutid en grupo y decidid qué vais a hacer.
Escribe vuestro itinerario.

> ¿Qué podréis hacer a Bilbao? ¿Cómo viajaréis?
> ¿Dónde os alojaréis? ¿Qué ropa llevaréis?
> ¿Qué sitios os gustaría visitar?
> ¿Dónde querréis comer?

A: Podremos visitar ...
B: Sí, de acuerdo.
C: No, yo preferiría ...

b Imagina que fuisteis a Bilbao.
En grupo escribid una encuesta para otro grupo sobre su visita.
¿Cuántas preguntas podéis inventar?
Ejemplo: ¿Qué tiempo hizo?
¿Qué tal lo pasasteis?

c Describe el fin de semana de tu grupo y de otro grupo.
Ejemplo: Fuimos .../Fueron ...

➪ **C64**

1a Puri escribió esta postal el verano pasado. Lee la postal y contesta a las preguntas de abajo.

¡Saludos desde Bilbao!
Nos divertimos mucho en esta ciudad tan grande e interesante. Hace sol y estamos tomando una Coca-Cola en la terraza de nuestro hotel. Hay mucho para ver y hacer. Hay varios museos y el Casco Viejo con bares, restaurantes y tiendas.
Ayer fuimos también al teatro donde vimos danza moderna. La semana pasada fuimos a Vitoria en autobús. Visitamos las catedrales y el mercado. Yo comí un helado enorme. Paco compró una gorra de béisbol – ¡qué pinta tiene! Esta mañana vimos unos cuadros increíbles en el Museo Guggenheim y luego comimos en la cafetería.
Hasta pronto. Puri

FERROCARRILES DE CERCANÍAS

1 ¿Dónde se alojaron en Bilbao?
2 ¿Qué vieron en el teatro?
3 ¿Qué comió Puri en el mercado?
4 ¿Qué compró Paco?
5 ¿Cómo viajaron a Vitoria?
6 ¿Qué visitaron en Vitoria?
7 ¿Qué más hicieron?

b Mira los recuerdos e imagina: ¿Adónde fuiste? ¿Qué visitaste? Escribe una postal.

c Describe tu excursión a tu compañero/a.

2 A jugar. Jugad en grupos de seis.

> El señor Rodrigo viajó a Timbuktu.
>
> Vio un pececito.
>
> Dijo "Qué sorpresa!"
>
> **Compró una guitarra.**
>
> Comió un bocadillo enorme.
>
> Y volvió a casa a las seis en punto.

> Mi hermana mayor fue al mercado.
>
> Vio un gato negro con cinco patas.
>
> Dijo "Hola, guapo".
>
> **Compró una corbata azul.**
>
> Comió su mochila.
>
> Y volvió a casa en autobús.

OJO

decir → dijo
ver → vio

3a Escribe una pregunta para cada dibujo.
Ejemplo: *1 ¿A qué hora se levantaron los gemelos?*

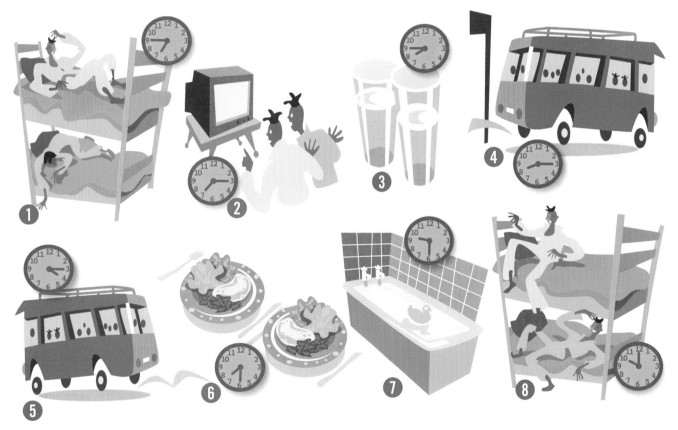

b Ahora contesta a las preguntas para los gemelos.
Ejemplo:

> Nos levantamos a ...

Juega con tu compañero/a o en grupo de cuatro. Anota tu ruta.

Ejemplo: *(2) Correos, (8) Plaza de toros, ...*

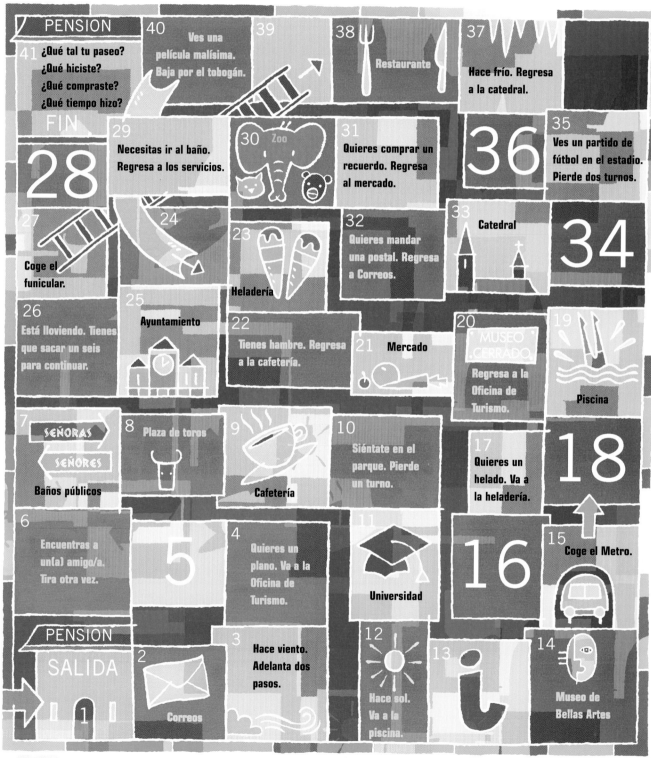

PENSION

41 ¿Qué tal tu paseo?
¿Qué hiciste?
¿Qué compraste?
¿Qué tiempo hizo?

FIN

40 Ves una película malísima. Baja por el tobogán.

39

38 Restaurante

37 Hace frío. Regresa a la catedral.

29 Necesitas ir al baño. Regresa a los servicios.

30 Zoo

31 Quieres comprar un recuerdo. Regresa al mercado.

36

35 Ves un partido de fútbol en el estadio. Pierde dos turnos.

28

27 Coge el funicular.

24

23 Heladería

32 Quieres mandar una postal. Regresa a Correos.

33 Catedral

34

26 Está lloviendo. Tienes que sacar un seis para continuar.

25 Ayuntamiento

22 Tienes hambre. Regresa a la cafetería.

21 Mercado

20 MUSEO CERRADO. Regresa a la Oficina de Turismo.

19 Piscina

7 SEÑORAS SEÑORES Baños públicos

8 Plaza de toros

9 Cafetería

10 Siéntate en el parque. Pierde un turno.

17 Quieres un helado. Va a la heladería.

18

6 Encuentras a un(a) amigo/a. Tira otra vez.

5

4 Quieres un plano. Va a la Oficina de Turismo.

11 Universidad

16

15 Coge el Metro.

PENSION SALIDA

2 Correos

1

3 Hace viento. Adelanta dos pasos.

12 Hace sol. Va a la piscina.

13

14 Museo de Bellas Artes

A TI TE TOCA

Por turnos con tu compañero/a pregunta y contesta.

¿Adónde fuiste el verano pasado?	El verano pasado ...
¿Cómo viajaste?	Viajé ...
¿Dónde te alojaste?	Me alojé ...
¿Qué tal lo pasaste?	Lo pasé ...
¿Qué monumentos visitaste?	Visité ...
¿Qué viste?	Vi ...
¿Qué compraste?	Compré ...
¿Adónde fue tu amigo/a?	Fue ...
¿Que visitó?	Visitó ...
¿Adónde fuisteis tú y tus amigos el fin de semana pasado?	Fuimos ...
¿Qué hicisteis?	...
¿Qué comisteis?	Comimos ...

LOS MAYAS

El territorio que hoy ocupa Guatemala fue asiento de la civilización maya, una cultura muy avanzada que se desarrolló más de mil años antes de la llegada de Cristóbal Colón a América.

Se cree que los mayas llegaron a esta región hacia el año 2600 a.C. y entablaron relaciones con otros pueblos precolombinos. Surgieron importantes centros urbanos en el sur de la zona central, como las ciudades de Kaminaljuyú, Uaxactún y Tikal, donde construyeron magníficos templos y sepulturas.

La ciudad de Tikal fue uno de los grandes centros de la cultura maya y llegó a tener una población de 60.000 habitantes alrededor del año 150 d.C. Durante mucho tiempo la ciudad permaneció perdida en la selva. Ahora es uno de los parques nacionales de Guatemala.

En unos 16 km^2 se pueden ver más de 3.000 construcciones (en ruinas).

Además de los extraordinarios monumentos arquitectónicos, muchos de los cuales eran observatorios astronómicos, los mayas desarrollaron una fecunda artesanía, especialmente en piedra, barro y metal, con motivos geométricos y representaciones de animales y plantas estilizados. Los mayas inventaron un sistema de escritura que ya no se entiende. Se basa en un código de signos de tipo jeroglífico.

ISTORIA

El calendario maya es una pieza clave de los extraordinarios adelantos científicos de esa civilización. Asimismo la agricultura, la medicina, las matemáticas y la arquitectura son aspectos del conocimiento humano que también desarrollaron los mayas.

Museo Popol Vuh, U.F.M. Guatemala

La religión de los mayas estaba íntimamente relacionada con la naturaleza. Fue descrita en el libro sagrado, el *Popol Vuh*. Creían en la existencia de un dios único, llamado Hunab Ku, el creador del universo, que tenía poder sobre todas las demás divinidades: Itzamná, la del cielo; Kinick Ahua, la del sol; Ixchel, la de la luna; Chac, la de la lluvia; Bacob, la de los puntos cardinales; y Tzuul taq'a, la de la montaña.

El fin del imperio maya data del año 900 d.C., y las causas de su desaparición son un enigma de la historia de la humanidad.

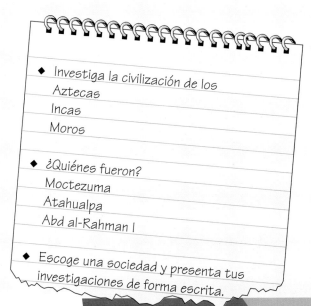

◆ Investiga la civilización de los
  Aztecas
  Incas
  Moros

◆ ¿Quiénes fueron?
  Moctezuma
  Atahualpa
  Abd al-Rahman I

◆ Escoge una sociedad y presenta tus investigaciones de forma escrita.

¿Estás libre el sábado?

You will learn how to ...

✓ invite people to your party: *Voy a hacer una fiesta. ¿Estás libre el sábado?*

✓ make preparations for a party: *Voy a ponerme los vaqueros azules.*
Voy a comprar una pizza. Tendré que recoger la sala.

1a 📼 Escucha y lee.

– ¿Diga?
– Hola, Javi. Soy Nati. ¿Qué tal?
– Muy bien, gracias.
– Voy a hacer una fiesta para celebrar
 mi cumpleaños. ¿Estás libre el sábado?
– ¡Fenomenal, sí! ¿A qué hora?
– A las siete y media.
– ¿Dónde? ¿En tu casa?
– Sí. Es el número 11, calle Simón Bolívar.
– ¡Estupendo! Hasta el sábado entonces.
– Adiós.

b Practica el diálogo con tu compañero/a.

c Copia y completa la invitación.

Nombre _____
Te invito a _____
para _____
Día _____
Hora _____
Dirección _____
Se Ruega Contestación

¿Qué bebida voy a comprar?

COLA COLA

Limonada Limonada

un compact

un ramo de flores

una caja de bombones

unos pendientes

¿Qué ropa voy a ponerme?

¿Qué regalo voy a escoger?

2a  Escucha. Nati llama por teléfono a sus amigos.
¿Quién puede venir (✔)?
¿Quién no puede venir (✗)?

b 🖳 Escribe una lista de compras para Nati.

c ¿Qué tendrá que hacer?

ADELANTE ⟹

¿Por qué no pueden venir?

3a ¿Tú qué comprarías?
¿Qué escogerías?
¿Qué ropa te pondrías?

b  Escucha. ¿Qué decide hacer Javier?

ADELANTE ⟹

¿Por qué?

4 A ti te toca. Vas a hacer una fiesta.
 1 Escribe una invitación.
 2 Llama por teléfono a tus amigos/as.
 3 Escribe tu lista de compras.
 4 Decide qué tendrás que hacer.
   Escribe una lista.

¿Qué has hecho?

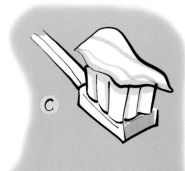

You will learn how to …

✓ say what you have done: *Me he duchado. He puesto la mesa.*
✓ ask people what they have done: *¿Te has lavado los dientes?*
✓ ask and say what other people have done: *¿Ha limpiado la sala?*
  Nati ha pasado la aspiradora.

1a Escoge una frase adecuada para cada dibujo.

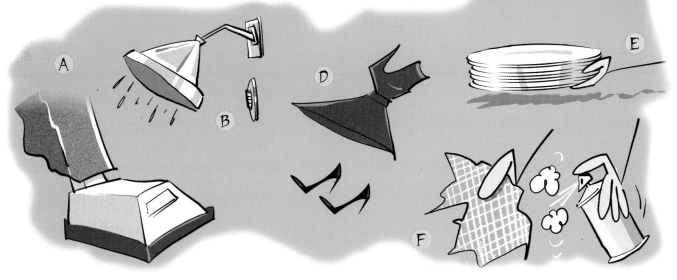

b ¿Qué ha hecho Nati? Escribe una lista.
  Ejemplo: Ha ...

c 📼 Escucha y verifica.

Inventa tres cosas más.

Frases claves ●●●●●●●●●●●●●●●●●●●●●●●●

He limpiado la sala.   Me he lavado los dientes.
He puesto la mesa.   Me he duchado.
He pasado la aspiradora.   Me he puesto mi vestido preferido.

⊕RIÉNTATE

●●● ➤ **p.198**

El tiempo perfecto

	(haber)	-AR	-ER	-IR
(yo)	he	mir**ado**	com**ido**	sal**ido**
(tú)	has			
(él/ella/usted)	ha			
(nosotros)	hemos			
(vosotros)	habéis			
(ellos/ellas/ustedes)	han			

OJO ■■■■■■■■

hacer ➤ hecho
poner ➤ puesto
escribir ➤ escrito

2 Busca otros ejemplos en las frases claves.

3a Por turnos con tu compañero/a.

  A: ¿Has ...?

  B: Sí, ya he .../No, todavía no he ...

b Te toca a ti. Por turnos con tu compañero/a pregunta y contesta. ¿Qué has hecho esta mañana/esta tarde?

Persona A
sacar la basura ✓
hacer las compras ✓
grabar una casete ✗
pasear el perro ✓
lavarse el pelo ✗

Persona B
fregar los platos ✗
hacer la cama ✓
comprar un regalo ✗
hacer los deberes ✓
ducharse ✗

	¿Qué regalo ha comprado?	¿Qué ropa se ha puesto?
Javier		
Nacho		
Eduardo		
Conchi		
Susana		

4a  Escucha a los amigos de Nati y anota.

b Identifica a cada persona.

c Escoge a una persona. Tu compañero/a adivina quién es.

  A: ¿Ha comprado ...?

  B: Sí, ha .../No, no ha ...

  A: ¿Se ha puesto ...?

d Escribe una descripción de uno/a de los amigos.

ADELANTE

¿Cómo crees que es de carácter?

¿Te gustaría bailar?

You will learn how to …

✓ say happy birthday and offer someone a present: *¡Feliz cumpleaños! Aquí tienes mi regalo, un compact.*

✓ thank someone for a present: *Muchas gracias. ¡Qué bien!*

✓ describe what is happening: *Conchi está comiendo la tarta. Susana está bailando.*

✓ describe what was happening: *Conchi estaba comiendo la tarta. Susana estaba bailando.*

1a [▣] Escucha y lee.

– ¡Feliz cumpleaños, Nati!
– Gracias, Javi.
– Aquí tienes mi regalo, un compact.
– Muchas gracias. ¡Qué bien!
– ¿Te gustaría bailar?

b Practica el diálogo con tu compañero/a.

c Inventa otros con los regalos de abajo.

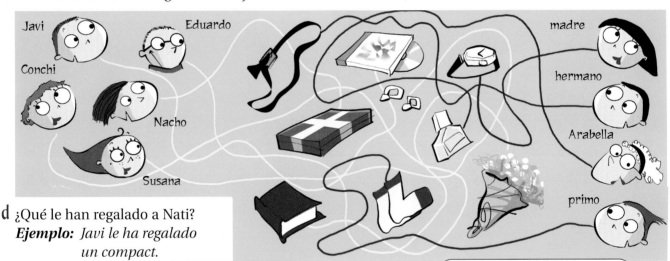

Javi   Eduardo   madre
Conchi   Nacho   hermano
Susana   Arabella   primo

d ¿Qué le han regalado a Nati?
Ejemplo: *Javi le ha regalado un compact.*

2 Jugad en grupo.

¡Feliz cumpleaños! Aquí tienes mi regalo, un diccionario.

¡Feliz cumpleaños! Aquí tienes mi regalo, un diccionario y un bolígrafo.

3 A ti te toca.
¿Qué te han regalado tus amigos?
¿Qué les has regalado tú?

> ADELANTE ⟹

¿Qué vas a regalar a tus amigos/as?

ciento sesenta

4a D▣ Anota el vocabulario.

b ¿Dónde está?
Ejemplo: A – El florero está en la estantería.

5a Por turnos con tu compañero/a.

A: ¿Qué está haciendo Conchi?
B: Conchi está comiendo ...

b D▣ Escribe.
¿Qué están haciendo? ¿Qué está pasando?

¿Qué va a pasar?

⊕RIÉNTATE
p.197

El pasado continuo

(yo)	estaba	
(tú)	estabas	bailando
(él/ella/usted)	estaba	comiendo
(nosotros)	estábamos	escribiendo
(vosotros)	estabais	
(ellos/ellas/ustedes)	estaban	

6a Los padres de Nati volvieron a casa a las 12 de la noche.
¿Qué estaban haciendo los jóvenes?
¿Qué estaba pasando?
Por turnos con tu compañero/a pregunta y contesta.

A: ¿Qué estaba haciendo Conchi?
B: Conchi estaba comiendo ...

b Escribe.

¿Qué ha pasado?

You will learn how to ...

✓ ask and say what has gone wrong: *¿Qué ha pasado? Acabo de manchar la mesa con mi taza de café.*

✓ apologise: *Lo siento, perdona/perdone usted.*

✓ say what is wrong with you and other people: *Me duele el estómago. Tiene dolor de cabeza.*

1a 🔊 Escucha y lee.

– ¡Ay, lo siento!
– ¿Qué ha pasado?
– Perdona. Acabo de romper el florero.

b 🔊 Escucha y escoge el dibujo adecuado.

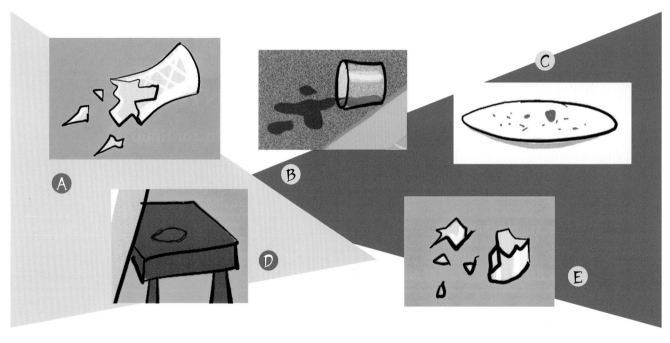

c Practica el diálogo con tu compañero/a e inventa otros.

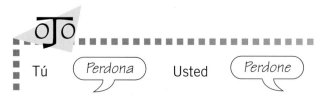

Tú *Perdona*   Usted *Perdone*

¿Te ayudo? 📖

acabo/as/a de   romper
                tirar
                manchar

2a Escoge una frase adecuada para cada persona.

Me duelen los labios.
Tengo dolor de cabeza.
Me duele el estómago.
Me duelen los ojos.
Tengo dolor de oídos.
Me duelen los pies.
Me duele la garganta.

b 🔊 Escucha y escoge una razón para cada persona.

A porque he comido demasiada tarta
B porque la música estaba tan alta
C porque me acosté muy tarde
D porque pasé toda la noche besando a mi novio
E porque no he comido nada
F porque he bailado durante cuatro horas
G porque he cantado a gritos

3a Juega con tu compañero/a.

A: ¡Ay! Me duele el estómago.
B: Te duele el estómago porque has comido demasiada tarta.
A: Tengo dolor de ...

Describe a los jóvenes.
Ejemplo: *A Conchi le duele el estómago porque ha comido demasiada tarta.*

b Inventa más ejemplos.

ÓRIÉNTATE   p.199

Tengo dolor de .../Me duele ...

Tengo	dolor de	cabeza
Tienes		oídos
Tiene		
Me/Te/Le	duele	el ojo
	duelen	los labios

Ver las páginas 16 y 104.

4a Empareja las preguntas de los padres y las respuestas de Nati.

1 ¿Qué tal ha sido tu fiesta?
2 ¿Cómo os lo habéis pasado?
3 ¿Te han regalado algo?
4 ¿Por qué te duelen los labios?
5 ¿Habéis roto algo?

A No, no hemos roto nada.
B Hemos escuchado música, hemos bailado, comido ...
C Muy bien. Nos lo hemos pasado fenomenal.
D Me duelen los labios porque he bebido demasiada Coca-Cola.
E Sí, mis amigos me han regalado muchas cosas.

b ¿Está diciendo Nati la verdad? Corrige las respuestas mentiras.

5 A ti te toca. ¿Has ido a alguna fiesta? Di qué has hecho y qué ha pasado. Graba tu relato.

1 Nati te ha invitado a su fiesta pero estarás de vacaciones. Escribe tu respuesta.

2 Arantxa, Roberto, Mirén, Josu y Belén han preparado una fiesta. Había mucho que hacer: hacer las compras, recoger y limpiar la sala, preparar la comida, organizar la música, poner la mesa. Cada uno hizo una tarea a una hora diferente: a las dos, tres, cuatro, cinco y seis. Adivina quién hizo qué y a qué hora.

1 Primero, alguien organizó la música.
2 Josu hizo la última tarea.
3 A las cinco Mirén usó la gamuza y la aspiradora.
4 Belén preparó la comida.
5 Una de las chicas hizo las compras una hora antes de cocinar.

Te invito a UNA FIESTA

para celebrar mi cumpleaños

El sábado, 27 mayo,

a las 19.30h

Nati

Se ruega contestación
C/ Simón Bolívar, 11

3a D▣ ¿Qué harías?
Lee el quiz y escoge una respuesta adecuada.

¿Eres santo/a o pecador(a)?

1 Acabas de romper un florero:
a Buscaría pegamento y trataría de repararlo.
b Lo tiraría a la basura.
c Compraría otro.

2 Acabas de tirar tu bebida en la alfombra:
a Recogería el vaso.
b Limpiaría la alfombra.
c No haría caso.

3 Tu amigo/a tiene dolor de estómago porque acaba de comer la tarta entera:
a Llamaría un taxi.
b Le daría algo de comer.
c Le acostaría.

4 Acabas de manchar la mesa con tu taza de café:
a Pondría una planta o una revista sobre la mancha.
b Limpiaría la mesa lo mejor posible.
c Confesaría.

5 Los vecinos acaban de quejarse del volumen de la música:
a Bajaría el volumen.
b Lo pondría más fuerte.
c Apagaría la música.

b Por turnos con tu compañero/a.
A: ¿Qué ha pasado?
¿Qué vas a hacer?
B: Acabo de ...
Buscaré ...

c ¿Tu compañero/a es santo/a o pecador(a)?

4a Lee las entrevistas.

b ¿Te gustaría salir con Susana o Conchi, Eduardo o Nacho? ¿Por qué? ¿Por qué no?

c Escribe tus propias respuestas.

Eduardo

Susana

¿Cómo es tu chico ideal?
Moreno y con los ojos marrones. Con un cuerpo atlético. La edad no importa.

¿Cómo es tu cita ideal?
Ir a un partido de fútbol y luego a una discoteca.

¿Qué tipo de chicos te gusta?
Los chicos que muestran sus sentimientos.

¿Quién paga en una cita?
Si pagan ellos, ¡mejor!

¿Cuál es la mejor manera de cortar con alguien?
Ser muy clara.

¿Cuál es la mejor cura después de cortar con un chico?
Llorar con una buena amiga y luego ir a la discoteca a buscar otro.

¿Cómo es tu chica ideal?
Inteligente e interesante. No soporto a las chicas superficiales. Ser guapa o no serlo es cuestión de suerte y no tiene ningún mérito.

¿Cómo es tu cita ideal?
Pasearnos por el parque y luego preparar la cena juntos.

¿Qué te gusta en una chica?
La ambición. Las chicas que saben lo que quieren.

¿Quién paga en una cita?
Creo que lo mejor es mitad y mitad.

¿Cuál es la mejor manera de cortar con alguien?
Escribir un mensaje.

¿Cuál es la mejor cura después de cortar con un chica?
Los amigos. Salir con ellos y pasarlo bien. Cupido siempre regresa.

Nacho

Conchi

¿Cómo es tu chica ideal?
Muy guapa, pero sin el estilo de una modelo.

¿Cómo es tu cita ideal?
Ir a un parque de atracciones.

¿Qué tipo de chicas te gusta?
Las chicas divertidas, las que tienen buen sentido del humor.

¿Quién paga en una cita?
Yo. Siempre.

¿Cuál es la mejor manera de cortar con alguien?
Decírselo directamente.

¿Cuál es la mejor cura después de cortar con una chica?
Escribir en mi diario.

¿Cómo es tu chico ideal?
Tiene que ser mi mejor amigo.

¿Cómo es tu cita ideal?
Ir a un buen restaurante.

¿Qué tipo de chicos te gusta?
Los chicos naturales, seguros de sí mismos.

¿Quién paga en una cita?
¿Por qué no pueden pagar las chicas? Es fantástico poder invitar a tu novio.

¿Cuál es la mejor manera de cortar con alguien?
Decirle claramente que me pone de los nervios.

¿Cuál es la mejor cura después de cortar con un chico?
Comprarme un regalo.

ESPACIO LIBRE

¡CELEBRA EL CUMPLEAÑOS CON UNA PIÑATA!

PARA HACER UNA PIÑATA

1. Infla el globo y haz un nudo. Ata un trozo de cordel.

2. Mezcla la cola con agua. Debe ser espesa y sin grumos.

3. Corta el periódico en cuadrados de 10 cm².

4. Mete un cuadrado en la cola, luego pégalo al globo. Alisa el papel.

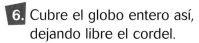

5. Repite y pega todos los papeles sin dejar huecos.

6. Cubre el globo entero así, dejando libre el cordel.

7. Cuelga el globo para que se seque completamente.

8. Cubre el globo entero así ocho veces. Es importante dejarlo secarse entre cada capa.

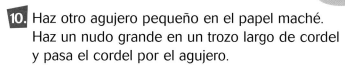

9. Haz un agujero en el papel maché y saca el globo.

10. Haz otro agujero pequeño en el papel maché. Haz un nudo grande en un trozo largo de cordel y pasa el cordel por el agujero.

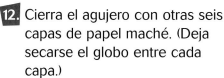

11. Pon los caramelos dentro, en la piñata.

12. Cierra el agujero con otras seis capas de papel maché. (Deja secarse el globo entre cada capa.)

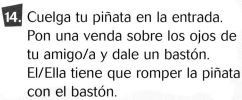

13. Pinta la piñata con pintura blanca al agua. Decóralo como quieras, con pintura de otros colores o con rotuladores.

14. Cuelga tu piñata en la entrada. Pon una venda sobre los ojos de tu amigo/a y dale un bastón. El/Ella tiene que romper la piñata con el bastón.

📖 Necesitarás:

un globo (grande)
unos periódicos
cola
cordel
unas tijeras
cinta adhesiva
unos caramelos
pintura blanca al agua
un pincel
otra pintura
o unos rotuladores

📖 Tu amigo/a necesitará:

algo para vendarse los ojos
un bastón

MAÑAS · MAÑAS · MAÑAS · MAÑAS · MAÑAS · MAÑAS · MAÑAS

¿Cómo escribir un párrafo interesante?

1 Piensa en el tema.

mi cumpleaños

el fin de semana pasado

2 Escribe unas frases sencillas.

> Fui a Bilbao.
> Fui al cine.
> No me gustó la película.
> Fue tonta.

3 Contecta las frases usando:

y/e	pero	porque
que	para	o/u
por ejemplo	así que	

Ejemplo: *El fin de semana pasado fui a Bilbao **y** fui al cine **pero** no me gustó la película **porque** fue tonta.*

4 También puedes añadir unas preposiciones (página 71) o adverbios (página 114).

Ahora haz lo mismo con:

> Ayer celebré mi cumpleaños.
> Hice una fiesta.
> Mis amigos me regalaron muchas cosas.
> Lo pasé bien.

A TI TE TOCA

Por turnos con tu compañero/a pregunta y contesta.

Vas a hacer una fiesta. ¿Qué tendrás que hacer? — Tendré que ...

Vas a ir una fiesta. ¿Qué regalo vas a escoger? — Compraré ...

¿Qué ropa te pondrás? — Me pondré ...

¿Has limpiado la sala? — Sí, ya .../No, todavía no ...

¿Qué ropa te has puesto? — Me he puesto ...

¿Qué te han regalado? — Me han ...

¿Qué has regalado a tus amigos/as? — He ...

¿Qué estás haciendo? — Estoy ...

¿Qué está pasando? — ...

¿Qué estaba pasando ayer? — ...

¿Qué ha pasado? — Acabo de ...

¿Tienes dolor de cabeza? ¿Te duelen los oídos? — ...

¿Por qué? — Porque ...

El día de Todos los Santos y el día de los Muertos en Guatemala

Es tradicional comer el Fiambre, un plato frío de carnes, pescados, mariscos, verduras ... que comparten muchas personas. La preparación necesita mucho trabajo así que muchas veces lo preparan juntas las mujeres. Ahora en muchos lugares se puede comprar el Fiambre preparado.

En Guatemala, como en otros países del mundo, se celebra la festividad del día de Todos los Santos y día de los Muertos los primeros dos días de noviembre de cada año. En muchos de los 330 municipios donde lo celebran, varios pueblos de ascendencia maya festejan esta actividad. En la cosmovisión maya los muertos no van ni al cielo ni al infierno, sino a un lugar especial en otra dimensión del universo. El ser humano puede comunicarse con ellos para pedir su ayuda con problemas y también para disfrutar de momentos alegres, porque la vida no termina con la muerte.

En Santiago Sacatepéquez, en el cementerio de la localidad, para conmemorar el día de Todos los Santos y Todos los Muertos se hacen enormes barriletes de papel de china y caña de castilla. Se los elevan al pie de la tumba de los muertos. El barrilete significa una comunicación con los difuntos que están en el firmamento. Algunos barriletes después de ser elevados se guardan; otros según la tradición se queman.

LA EMBAJADA DE MEXICO
Y
EL INSTITUTO GUATEMALTECO-MEXICANO DE CULTURA
PRESENTAN

EL DIA DE MUERTOS

VENGA Y DISFRUTE ESCUCHANDO TRIOS, MARIACHIS, ALEGRES CORRIDOS, BEBIENDO TEQUILA Y DISFRUTANDO PLATILLOS TIPICOS DE LA EPOCA.

FECHA   VIERNES 6 DE NOVIEMBRE
LUGAR   INST. DE ANTROPOLOGIA E HISTORIA
         12 Av. 11-11, Zona 1
HORA   18:00 HORAS

A

◆ Investiga la Semana Santa, una fiesta muy importante en la cultura española.

ARATUSTEAK

La Semana Grande de Bilbao se
celebra en una semana de agosto.
Es la semana más divertida del año: hay
una intensa animación día y noche por
todas partes de la ciudad.

En la catedral de Santiago se programa
música clásica, y la banda municipal
toca todos los mediodías en el kiosko
del Arenal. Todas las noches se organiza
algún concierto: en la plaza de Santiago,
en la plaza Nueva, en la plaza de
Unamuno y en la plaza del Gas, el pop

rock local, el reggae, el folk, o lo más
último. Los fuegos artificiales iluminan la
ciudad a partir de las once de la noche.

Para los pequeños, durante el día hay el
teatro infantil, el teatro de humor, los
pasacalles de gigantes y cabezudos, e incluso
los bomberos repartiendo espuma. También
hay concursos: de rana, de minimotos, de
bacalao al pil-pil, de rabo de toro. Hay
criteriums ciclistas, hay partidos de pala y
mano, un rally de coches antiguos y
finalmente una regata.

B

◆ ¿Qué fiestas o festividades tienen lugar
en tu región?
En grupo preparad un póster o informes
turísticos para un grupo de visitantes
españoles.

◆ ¿Has ido a alguna fiesta regional?
¿Qué hiciste? ¿Qué tal lo pasaste?
Escribe un relato o graba una casete.

¿Cómo era y cómo será?

El tercer milenio

You will learn how to …

✓ say how things used to be: *Antes compraba ropa en tiendas. Solíamos hablar quiché.*

✓ make comparisons with how things are now and will be: *Ahora sigo comprando ropa con dinero o cheque. En el futuro compraré todo en línea.*

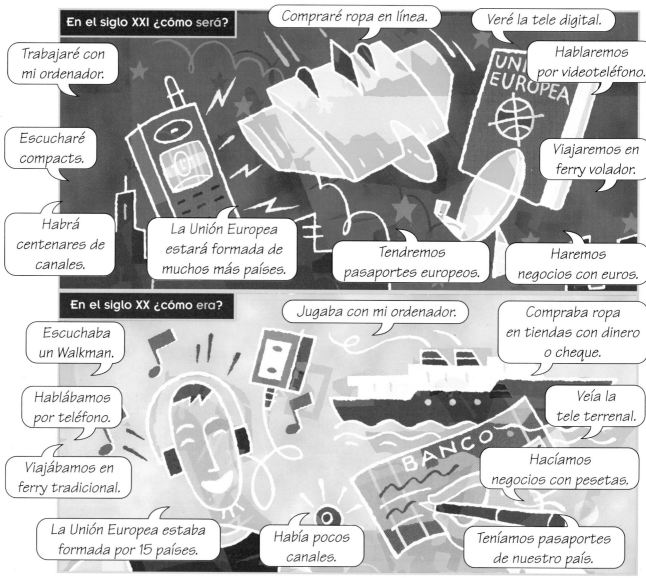

1a  Escucha la conversación. ¿Quién dice qué? Anota las frases en el orden en que las oyes.

b Busca una frase para cada ilustración.

c Empareja cada frase en el tiempo futuro con una frase en el tiempo imperfecto para hacer un contraste.

d Por turnos con tu compañero/a.

A: ¿Juegas/Sigues jugando con tu ordenador ahora?

B: Sí, juego/sigo jugando con mi ordenador./ No, ahora trabajo con mi ordenador.

ADELANTE

Escribe unas frases.

ÓRIÉNTATE

p.197

El tiempo imperfecto

	comprAR	comER	subIR
(yo)	compraba	comía	subía
(tú)	comprabas	comías	subías
(él/ella/usted)	compraba	comía	subía
(nosotros)	comprábamos	comíamos	subíamos
(vosotros)	comprabais	comíais	subíais
(ellos/ellas/ustedes)	compraban	comían	subían

Verbos irregulares
ir – iba, ibas, iba …
ser – era, eras, era …
ver – veía, veías, veía …

2a Clasifica los ejemplos de **1a**: ¿terminan con **-ar**, **-er** o **-ir** en el infinitivo?

b Inventa más ejemplos para hacer una comparación entre los siglos XX y XXI.

3 Compara tu vida de antes con ahora.

¿Te ayudo?

Cuando **tenía** un año   Ahora …
(dos/tres/… años) …

medía un metro   **mido** un metro 68
llevaba pañales   **llevo** vaqueros

4a Lee el texto y complétalo con verbos adecuados.

Abuela, háblame de tu vida cuando eras joven. ¿Cómo era?

Cuando yo **1** niña **2** en un pueblo pequeño. **3** un solo colegio que **4** lejos. En el colegio los curas nos enseñaban español porque yo **5** siempre en mi lengua – el quiché. Ya no se habla tanto. No **6** al colegio todos los días. Iba al mercado todos los jueves y domingos. Solía ayudar mucho a mis padres. **7** vender fruta y flores. **8** muchos amigos, como tú. Siempre **9** sol y buen tiempo – al menos así me parecía – porque siempre **10** en la calle.

vivía	era	estaba	había	jugábamos
iba	tenía	solíamos	hacía	hablaba

soler + infinitivo *(ver la página 85)*
Solía hablar quiché.

b 🔊 Escucha y verifica.

c Anota las cinco preguntas de Camilo.

d Por turnos con tu compañero/a imagina que eres una persona mayor y usa las preguntas para hacer una entrevista. Graba la entrevista.

ADELANTE

¿Qué solía hacer la abuela de Camilo?
Escribe unas frases.

C73

¿Qué esperas?

12

> **You will learn how to ...**
>
> ✓ describe environmental problems and their causes: *Hay un agujero en el ozono porque antes usábamos/seguimos usando demasiado los gases CFC.*
>
> ✓ make resolutions for the future: *Nunca fumaré. Plantaremos más árboles.*

1a 📖 Lee.

Carta abierta a los habitantes del planeta Tierra

Ya llegó el tercer milenio y el futuro depende de nosotros. Me duele en el alma porque el mundo está en bastante mal estado. La tierra está enferma y tiene síntomas muy graves ...

le duele la cabeza –   *por el agujero en el ozono*

le duelen los ojos –   *por tanta contaminación del aire*

le duelen las orejas –   *por los gritos de los que sufren*

le duelen los pulmones –   *por la deforestación de las selvas*

le duele el corazón –   *por la destrucción de la naturaleza*

le duele la barriga –   *por falta de comida*

le duelen las piernas –   *por las minas que la dejan coja*

¡Hay que curarla ahora porque mañana será muy tarde! ¿Qué podremos hacer?

b ¿Por qué es así? ¿Qué hacíamos antes? Por turnos con tu compañero/a.

  A: ¿Por qué hay un agujero en el ozono?
  B: Porque antes usábamos demasiado los gases CFC.

c 📼 Escucha y verifica.

d ¿Y seguimos haciendo todo esto? Escribe.
  Ejemplo: *Sí, seguimos usando los gases CFC.*

2 Imagina que recibes esta carta.
  ¿Qué harás? Escribe unas frases.
  Ejemplo: *No cortaremos tantos árboles/
  Plantaremos más árboles.*

■■ **¿Te ayudo?** ■■■■■■■■■■■■■■■■■

Porque ...
cortábamos muchos árboles
cazábamos los animales en peligro de extinción
usábamos demasiado los gases CFC
solíamos explotar al tercer mundo
hacíamos la guerra en vez de la paz
sembrábamos minas en vez de trigo
viajábamos siempre en coche

ADELANTE

Diseña un póster o escribe un poema con el tema: 'el medio ambiente'.

3a Lee las resoluciones de Arantxa y Belén.

b Empareja las frases con un dibujo adecuado.

> ### Resoluciones para el nuevo milenio
>
> **No** hacer daño al medio ambiente.
>
> **Nunca** fumar.
>
> **No** faltar **jamás** a clase.
>
> **No** blasfemar, **ni** maldecir a **nadie**.
>
> **No** comer **nada** malo para la salud.
>
> **No** suspender **ninguna** asignatura este año.

c Escucha y haz dos listas: una para Arantxa, otra para Belén.

d ¿Qué solía hacer Arantxa y qué solía hacer Belén?
Ejemplo: *Arantxa solía faltar a clase.*

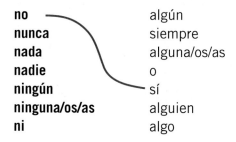

ORIÉNTATE

p.193

Los negativos

no	algún
nunca	siempre
nada	alguna/os/as
nadie	o
ningún	sí
ninguna/os/as	alguien
ni	algo

4a Empareja las palabras negativas con las positivas.

b ¿Cuándo se usa la palabra *no*?
¿Qué pasa cuando la palabra *nunca* va primero?
¿Puedes formular una regla?

c Por turnos con tu compañero/a toma el papel de Arantxa o Belén y niega todo.

A: ¿Has fumado alguna vez?
B: No. No he fumado nunca./
Nunca he fumado.

5 Ahora escribe unas resoluciones positivas tuyas.
Ejemplo: *Siempre voy a llegar a clase a tiempo/Voy a ser puntual.*

> ADELANTE

Utiliza el tiempo futuro.
Ejemplo: *Siempre llegaré ...*

> MAÑAS · **MAÑAS** · MAÑAS
>
> ### Métodos para aprender
>
> **6** Mira todas las secciones tituladas MAÑAS y haz una lista de
> 1 cómo aprender el vocabulario
> 2 consejos para hablar, escuchar, leer, escribir
> 3 cómo usar el diccionario
> 4 consejos sobre la pronunciación

¿Ya llegó el pueblo global?

You will learn how to …

✔ say what was going on when something else happened: *Cuando me desperté estaba lloviendo.*

✔ discuss the advantages and disadvantages of technological advances: *Yo creo que es muy práctico. Es interesante navegar por Internet.*

✔ explain how to send an email: *Hay que escribir tu mensaje, conectarse a Internet …*

1a Lee el email de Gabriel Alfonso.

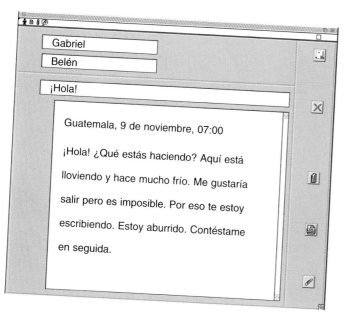

Gabriel

Belén

¡Hola!

Guatemala, 9 de noviembre, 07:00

¡Hola! ¿Qué estás haciendo? Aquí está lloviendo y hace mucho frío. Me gustaría salir pero es imposible. Por eso te estoy escribiendo. Estoy aburrido. Contéstame en seguida.

b Lee la respuesta de Belén.

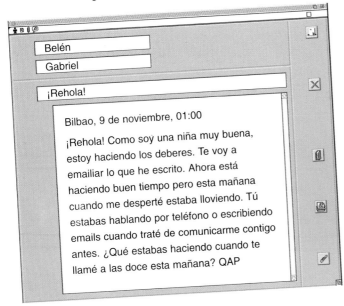

Belén

Gabriel

¡Rehola!

Bilbao, 9 de noviembre, 01:00

¡Rehola! Como soy una niña muy buena, estoy haciendo los deberes. Te voy a emailiar lo que he escrito. Ahora está haciendo buen tiempo pero esta mañana cuando me desperté estaba lloviendo. Tú estabas hablando por teléfono o escribiendo emails cuando traté de comunicarme contigo antes. ¿Qué estabas haciendo cuando te llamé a las doce esta mañana? QAP

c Copia el email de Belén y subraya los tiempos del presente y del pasado en colores diferentes.

✛RIÉNTATE

p.197

El pasado continuo y el pretérito

estaba	hablando	comiendo	escribiendo
estabas			
estaba			
estábamos			
estabais	leer → leyendo		
estaban	dormir → durmiendo		

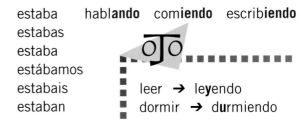

2a Escribe otros ejemplos del pasado continuo con los verbos:

pensar	mirar	correr	llover
subir	abrir		

b Mira el texto de Belén. ¿Cuándo se usa el pasado continuo y cuándo se usa el pretérito?

3a Por turnos con tu compañero/a.

A: ¿Qué estabas haciendo ayer a las ocho cuando te llamé?

B: Estaba desayunando cuando me llamaste.

b Escribe unas frases usando los dibujos.

El futuro es inalámbrico

Tu teléfono ya es tu oficina: sirve como ordenador, secretario/a, centro telefónico, para mandar faxes, hacer compras o hacer de banco.

4 Escucha la conversación. ¿Están a favor o en contra?
Ejemplo: *Roberto* ✓

> *será muy práctico en caso de urgencia*
> *podrás hacer negocios donde sea*
> *es interesante navegar por Internet*
> *podrás hablar con varias personas a la vez*
> *podrás comprar todo en línea*

> *será muy molesto*
> *a nadie le interesa oír tu conversación*
> *no podrás estar nunca libre*
> *es muy caro*
> *se pierde mucho tiempo buscando informes*

5a ¿Estás conectado? ¿Sabes mandar un email? Lee.

> **Para mandar un mensaje por email hay que …**
> ▪ abrir el programa
> ▪ buscar o saber ya la dirección electrónica a la que vas a escribir
> ▪ seleccionar la opción del menú para crear un nuevo mensaje o responder
> ▪ escribir tu mensaje
> ▪ hacer click con el ratón para enviar el mensaje
> ▪ conectarse a Internet

b Ahora da las instrucciones primero a tu compañero/a y luego a tu profe.
Ejemplo: *Abre el programa./Abra el programa.*

c ¿Sabes utilizar la nueva tecnología? Explica.
- ¿Qué es Internet? ¿En qué consiste?
- ¿Qué equipo informático necesito?
- ¿Qué operaciones hay que realizar?

d Manda un email. Inventa tus propios iconos, siglas y emoticones.

QAP	quedamos a la próxima
CE	contéstame enseguida
TQ	te quiero
:-)	contento
:-(	triste
:-0	sorprendido
:-/	confuso
:-X	mejor no decir nada
:-**	besitos

MAÑAS · **MAÑAS** · MAÑAS

Los tiempos del verbo

Clasifica todos los tiempos de los verbos en estas dos páginas.

> infinitivo, tiempo presente, presente continuo, perfecto, imperfecto, pasado continuo, pretérito, futuro, condicional

Falta un tiempo que has aprendido: ¿cuál es?

¿Es posible tener un idioma mundial?

You will learn how to …

✓ talk about languages: *Hablo español e inglés. Me gusta ser bilingüe.*

✓ discuss the value of learning a language: *Me parece importante porque voy a trabajar en el extranjero.*

Kwesi

Estefanía

Yannis

Camilo

Ingrid

Nishma

1a 🔊 Roberto y Arantxa fueron a Londres. Escucha e identifica de quién hablan.

b Escucha otra vez. ¿Qué idiomas habla cada persona? ¿Qué opinan (✓/✗)?

alemán	inglés	quiché
español	italiano	turco
francés	kimbundu	urdu
griego	portugués	yoruba
ibo	punjabi	

ADELANTE

Escribe la opinión de cada persona.

2a ¿Por qué aprender otro idioma? Lee las razones a favor.

b Con tu compañero/a discute el valor de cada razón y ponlas en orden de importancia.

c A ti te toca. ¿Por qué te parece importante aprender otro idioma? ¿Hay razones en contra?

d Escoge cinco empleos y escribe por qué sería importante hablar otro idioma para hacerlos bien.

3 ¿Cuántos idiomas diferentes se hablan en tu clase o colegio?

> Puedes comprar en cualquier idioma pero sólo puedes vender en el idioma de tu cliente.

> Me encanta ir de vacaciones cada verano a un país diferente.

> Quiero viajar por todo el mundo.

> Creo que tendré más posibilidades de conseguir un buen trabajo.

> Voy a trabajar en el extranjero – en Europa creo.

> Estoy aprendiendo a navegar por Internet, buscando informes en varios idiomas.

> Me encanta comunicarme por email con el mundo entero.

> Quisiera ser voluntario en una organización internacional.

4a Lee el artículo de Roberto.

El *EUSKARA* – ¿la lengua más antigua de Europa? ¿De dónde procede?

Nunca hemos sabido y no creo que se sabrá nunca – lo único que sé es que desde tiempos inmemoriales en mi familia la primera lengua hablada es el *euskara*. Ya se hablaba hace más de 10.000 años pero no se empezó a escribir hasta el siglo XVI.

Cuando era pequeño hablaba con mis abuelos y me contaban historias y leyendas de Pelayo el Visigodo y los *gentiles*, unos gigantes que según los *bertsolariak* – los poetas vascos – construyeron los dólmenes.

Me dijeron que bajo Franco el dictador estaba prohibido hablar *euskara* pero seguían hablándolo de todos modos. En realidad el hablar la lengua fue símbolo de resistencia contra el régimen y sirvió para unir a la gente. En el colegio aprendemos también el castellano y me gusta ser bilingüe. Me siento orgulloso y tengo la ventaja de que me es fácil hablar otros idiomas.

Además, hablar *euskara* me ayuda a apreciar otros idiomas que no se hablan mucho como el galés o el quiché. En muchas partes del mundo los niños vienen hablando dos o tres idiomas sin problema desde que nacen. Hasta cierto punto sería útil tener un solo idioma mundial, pero perderíamos nuestra individualidad y nuestras costumbres y yo creo que es muy importante conservar estas diferencias.

b Busca en el texto la palabra o frase que significa

lo mismo que ...
1 hace mucho tiempo
2 cuentos antiguos
3 no se permitía
4 hablar dos idiomas
5 que pocas personas hablan

lo contrario de ...
6 desventaja
7 difícil
8 permitido
9 pocas
10 inútil

c Copia las frases y complétalas con un tiempo adecuado del verbo *hablar*.
1 El euskara ... en Vizcaya.
2 Siempre ... euskara en su familia.
3 Cuando era niño pequeño Roberto ... mucho con sus abuelos.
4 Le gusta ... dos idiomas.
5 Bajo Franco seguían ... euskara.

hablaba	se habla	hablando
han hablado	hablar	

5 Vamos a hablar euskara.

a  Escucha y repite las palabras vascas.

b Escucha otra vez y escribe el significado en castellano.

ADELANTE

¿Habrá un solo idioma en el próximo milenio? ¿Estás a favor o en contra?

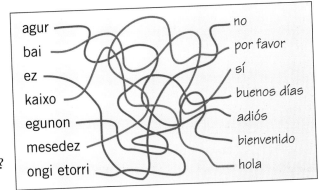

agur
bai
ez
kaixo
egunon
mesedez
ongi etorri

no
por favor
sí
buenos días
adiós
bienvenido
hola

1a Lee el artículo.

Comunicarse es ...

La comunicación, es decir la transmisión de mensajes, nos rodea en todo momento. Las flores transmiten mensajes por los colores; los pájaros y animales por los ruidos, movimientos y olores; los murciélagos y delfines por ondas ultrasónicas igual que un silbato 'silencioso' para los perros. Nosotros los humanos además de las palabras

utilizamos los gestos – el dedo pulgar levantado con aprobación o una sonrisa basta para comunicar el placer y la alegría. A veces entre una palabra y el gesto hay un mundo de diferencia. El ser humano es único en que puede comunicarse por la letra impresa y la palabra grabada.

b Inventa unas frases para estos dibujos. ¿Qué dicen? ¿Qué piensan en realidad?
Ejemplo: *1*

> *¡Hola, tía! ¡Me encanta verte!*

> *¡Uf! ¡Qué aburrido!*

c ¿Cuántos modos de comunicación hay hoy en día?

dorai	xaf	étaliste	roonedrad
noféltoe	rocoser	esacte	odíve

2a Copia y completa con un tiempo adecuado de los verbos.

haber	unirse
ser	entrar

La U - - - - E - - - - - -
En 1951 _____ 3, en 1957 _____ 6, en 1973 _____ tres más = 9. Más Grecia en 1974 = 10, y en 1986 _____ España y Portugal = 12. Últimamente _____ tres más y son 15 en total. ¿Cuántos _____ en el año 2050? _____ el mayor mercado interior del mundo con más de 600 millones de consumidores potenciales.

b 📼 Escucha y verifica.

3a El cole como lo conoces ya no existirá. Lee el texto.

2 de febrero 2050

Querido diario: no sé por qué te escribo así porque todo el mundo puede leer lo que escribo – ya nada es privado aun con claves personales. Ayer cumplí quince años y quiero anotar cómo es mi vida, porque cuando hablo con mis abuelos y la gente mayor me doy cuenta de que han cambiado muchas cosas muy rápidamente. :-/

Esta mañana me desperté con la llamada de control de mi tutor personal robótico. Me dijo la hora precisa – las seis y tres minutos y treinta segundos. Cuando me metí en la ducha el agua ya estaba corriendo a una temperatura perfecta para mí. A los tres minutos se cerró la ducha – así controlan la cantidad de agua. ¡Qué alegría! – mis padres ya me estaban esperando en la cocina y por lo menos hablamos un rato – fue casi la única comunicación humana en todo el día. :-) Hoy desayuné dos pastillas de vitamina C y B y un sustituto de cereal. Bebí agua filtrada.

Poco después me conecté con mi amigo en el Japón y tratamos de solucionar el problema de matemáticas que nos hacía falta para ganar el último crédito. Luego tuve que conectarme con el centro para trabajar en equipo. Mi equipo consiste de un niño de diez años, otro estudiante de veintidós años y una señora de unos cuarenta me imagino.

También hay otro grupo en Argentina que está resolviendo el mismo problema y nos pusimos a hablar por videoconferencia. Pasé dos horas en esto y entonces como tenía hambre pedí la comida del centro de control de alimentos.

Mi tutor robótico apareció otra vez para recordarme que era la hora de hacer ejercicio. Como soy un poco vago y prefiero entretenerme con juguetes videoportátiles me tienen en un programa fuerte. Como estaba agotado decidí coger la plataforma ambulante a la plaza mayor y después el autobús solar a mi casa.

Al llegar decidí ver mi programa interactivo favorito. Había un email de mi madre preguntando qué iba a hacer para celebrar mi cumpleaños: dónde iba a hacer la fiesta y a qué hora iba a regresar porque tenía que programar la alarma de la puerta de entrada para compatibilizarse con mi microchip. Por último me recordó que tenía que mirar las correcciones de los deberes de la noche anterior que me esperaban en el archivo y practicar una página de ruso con el traductora automático que mis padres me regalaron ...

Buenas noches, querido diario – hasta mañana. ;-**

A. Nónimo – tu amigo

b Compara la vida de A. Nónimo con tu vida actual. ¿Cuántas diferencias hay? ¿Su vida es mejor o peor? ¿Qué crees?

c ¿Cómo crees que va a celebrar su fiesta? Discute tus ideas con tu compañero/a y luego presentad vuestras ideas a la clase.

d  Escucha y anota las ideas de A. Nónimo. ¿Concuerdan con vuestras ideas? ¿Qué diferencias hay?

e Contesta el email de la madre de A. Nónimo.

f Escribe de 60 a 100 palabras sobre lo que hiciste hoy.

ADELANTE

Imagina que tú eres A. Nónimo y que no te gusta la vida del año 2050.
Escribe tu diario secreto a mano explicando lo que no te gusta y cómo lo cambiarás.

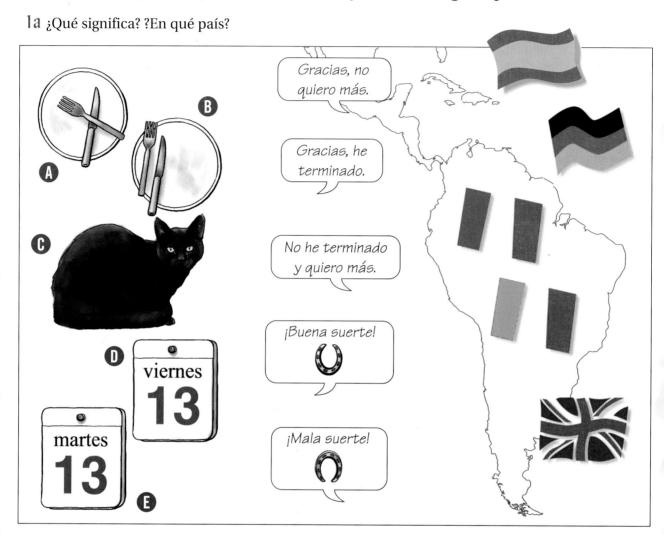

Las costumbres y las supersticiones son lo que nos distinguen ¿verdad?

1a ¿Qué significa? ?En qué país?

> Gracias, no quiero más.

> Gracias, he terminado.

> No he terminado y quiero más.

> ¡Buena suerte!

> ¡Mala suerte!

b ¿Buena suerte o mala suerte?

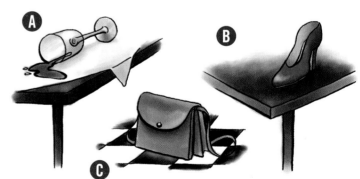

2a A jugar. ¿Verdad o mentira?
En grupos haced otra lista de costumbres y/o supersticiones.

b Reunid las listas de la clase entera.
¡El grupo que tiene más ejemplos diferentes gana!

1a A = 'Gracias, no quiero más' en España e Italia; B = 'Gracias, he terminado' en Francia y Gran Bretaña, pero 'No he terminado y quiero más' en Alemania; C = Buena suerte en Gran Bretaña pero mala suerte en España y América Latina; D = Buena suerte en Italia pero mala suerte en Gran Bretaña; E = Mala suerte en España.
1b A = Mala suerte; B = Mala suerte; C = Mala suerte; se te va el dinero.

MAÑAS · **MAÑAS** · MAÑAS · **MAÑAS** · MAÑAS · **MAÑAS** · MAÑAS

Repaso total

¿Qué te parece más importante?
Escoge ❂, ❖ ó ▲.

Al escuchar ...

1 ❂ tomas apuntes
   ❖ te concentras pero no escribes nada
   ▲ miras las preguntas nada más

2 ▲ miras las fotos y dibujos
   ❂ buscas las palabras en el diccionario
   ❖ tratas de imaginar el contexto

Al hablar ...

3 ❂ saludas al profe
   ▲ usas *tú* o *usted*
   ❖ pides ayuda

4 ▲ repites la pregunta
   ❂ haces pausas largas
   ❖ buscas otra manera de decirlo

Al leer ...

5 ❂ buscas todas las palabras en el diccionario
   ❖ lees el texto varias veces
   ▲ te concentras en los verbos nada más

6 ▲ buscas el contexto
   ❖ emparejas la pregunta con el párrafo
   ❂ lees todas las preguntas primero

Al escribir ...

7 ❂ divides bien los párrafos
   ❖ calculas bien el tiempo
   ▲ escribes un borrador primero

8 ❖ compruebas todo al final
   ▲ cuentas todas las palabras
   ❂ haces unos dibujos para ilustrar

Si la mayoría de tus respuestas son ❂, eres un poco confuso/a y debes repasar todas las Mañas.
Si la mayoría de tus respuestas son ❖, eres buen(a) estudiante y vas a aprender mucho.
Si la mayoría de tus respuestas son ▲, eres algo inconsistente y debes concentrarte más.

A TI TE TOCA

Por turnos con tu compañero/a pregunta y contesta.

¿Cómo era la vida durante el siglo XX?	Había ... Era ...
¿Cuando tenías dos años cuánto medías?	Medía ...
¿Qué ropa llevabas?	Llevaba ...
¿Qué solías hacer?	Solía ...
¿Cómo será la vida en el año 2050?	Habrá ... Será ...
¿Qué resoluciones harás?	No ... nunca, ...
¿Qué harás para ayudar al medio ambiente?	Plantaré ..., ...
¿Qué estabas haciendo esta mañana a las siete?	Estaba ...
¿Qué opinas sobre la nueva tecnología?	Me parece ...
¿Sabes mandar un email?	Sí. Hay que ...
¿Qué idiomas hablas?	Hablo ...
¿Te parece importante hablar otros idiomas?	Sí/No, porque ...

La creatividad — lo que distingue al hombre de sus primos los animales

A En grupos de cinco **pensad, discutid, investigad** y **decidid:**

¿Cuáles eran los cinco inventos y descubrimientos más importantes del siglo XX?

avión

fax

ordenador

penicilina

cine

lavadora

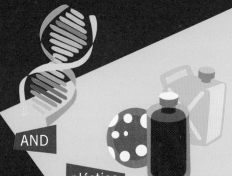

AND

plástico

tarjeta de crédito

radio

trasplante

L. RODRIGO
3450784522 897 43
...50/84522 897

nevera

robot

reactor nuclear

Símbolos del futuro

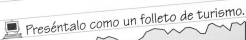

B

¿Cuál es el símbolo del futuro en tu barrio?

¿Qué edificio o escultura simboliza el futuro para ti?

- ◆ ¿Dónde está?
- ◆ ¿Qué es?
- ◆ ¿Qué representa?
- ◆ ¿De qué material está hecho?
- ◆ ¿Cómo es?
- ◆ ¿Por qué te parece importante?

🖥 Preséntalo como un folleto de turismo.

Bilbao – Museo Guggenheim

Guatemala – Teatro Miguel Angel Asturias

BI MILA URTEA

¿Qué hiciste entre las 23:59:59 el día 31 de diciembre de 1999 y las 00:00:01 el 1 de enero del año 2000?

C

◆ Escribe tu diario para el 31/12/99 y el 1/1/00

Bilbao 04-01-00
¡Esa noche tuvimos una fiesta increíble! Lo pasamos super bien -bomba- bailando y comiendo. Todo el mundo estaba contentísimo. A la medianoche fuimos a la Plaza Nueva y seguimos la costumbre de comer las doce uvas al sonar las doce campanadas de la iglesia. ¿Tú qué hiciste? ¿Cómo celebraste el milenio? ¿Qué tal la fiesta? Cuéntamelo todo.

GRAN CONCURSO FIN DE AÑO

INVENCIÓN del año

INVENTOR(A) del año

D

◆ Trabaja a solas o en un grupo pequeño.
Inventa algo útil para el colegio del futuro.
◆ Presenta tus/vuestras ideas a la clase.
Explica
qué es
por qué crees que es útil
cómo funciona
◆ La clase votará el mejor invento y el/la mejor inventor(a).

Repaso 4

Mira las secciones *A ti te toca*
páginas 153, 167, 181

1a Mira la infografía.

Belén   Mirén   Josu y Arantxa   Roberto

viernes

sábado

domingo

b Di si es verdad o mentira o si no se sabe.
1 Roberto fue al cine el viernes.
2 Mirén fue a visitar a su abuela el sábado.
3 A Belén le gustó el programa de la tele.
4 A Josu y Arantxa les gustó la disco el sábado por la noche.
5 Belén hizo escalada el domingo.
6 Mirén fue a la playa el domingo.
7 Roberto jugó al tenis el viernes.
8 Josu y Arantxa fueron de compras el viernes por la tarde.

c Corrige las frases incorrectas.

2a Por turnos con tu compañero/a pregunta y contesta.
  A: ¿Has viajado en un Sputnik?
  B: No, no he viajado nunca en un Sputnik.
  A: ¿Quién de esta clase ha ido a la luna?
  B: Nadie de esta clase ha ido a la luna.

b Inventa otros ejemplos.

d Por turnos con tu compañero/a pregunta y contesta.
  A: ¿Belén fue al cine el sábado?
  B: No. Fue al cine el viernes.
  A: ¿Quién jugó al tenis el domingo?
  B: Josu y Arantxa jugaron al tenis.
  A: ¿A Mirén le gustó la playa el domingo?
  B: Sí, le gustó.

e Escribe algunas frases.

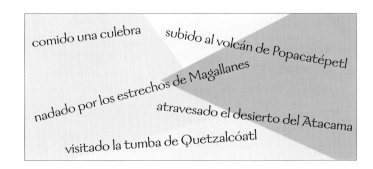

comido una culebra   subido al volcán de Popacatépetl
nadado por los estrechos de Magallanes
atravesado el desierto del Atacama
visitado la tumba de Quetzalcóatl

Dos Premios Nobel guatemaltecos

3a Lee el texto.

b Contesta a las preguntas.
1 ¿Dónde nació Rigoberta?
2 ¿Vivía en la ciudad?
3 ¿Hasta cuándo vivía allí?
4 ¿Qué pasó durante unos treinta años?
5 ¿Por qué se fue de su tierra?
6 ¿Adónde fue?
7 ¿Qué hizo allí?
8 ¿En qué año fue premiada?

Rigoberta Menchú

El libro *Me llamo Rigoberta Menchú Tum y así me nació la Conciencia* – publicado en 1985 – cuenta la vida de Rigoberta Menchú, una mujer que nació en 1959 en la pequeña aldea de Chimel en el departamento de El Quiché, al noroeste de Guatemala.

Allí vivía y trabajaba como cualquier otra mujer cuando, a principios de los años 80, su vida cambió totalmente de manera trágica. Durante más de treinta años de violencia entre los militares y los guerrilleros, muchos indígenas inocentes perdieron su vida. El padre de Rigoberta murió carbonizado en la embajada de España en 1980; su madre y hermano también sufrieron y ella misma se refugió en Méjico donde escribió la historia de su vida. Desde aquel entonces ha trabajado sin cesar y sigue todavía trabajando en defensa de los derechos de la gente indígena por toda América Latina. En 1992 la condecoraron con el Premio Nobel de la Paz y así, por fin, el mundo entero llegó a saber algo de su trabajo y sufrimiento. La mayoría de la gente guatemalteca se siente orgullosa de esta mujer heroína pero, claro, hubo una minoría que la nombraron 'problemática'.

4a 🔊 Escucha y escoge las frases adecuadas.
1 Miguel Angel nació en – Asturias/Madrid/ Ciudad de Guatemala.
2 En 1999 celebramos – cien años de su trabajo/cien años de su vida/cien años desde su nacimiento.
3 En 1924 se fue a – Buenos Aires/París/ Méjico.
4 Ganó el Premio Nobel de Literatura en – 1697/1967/1976.
5 Escribió – novelas/poesía/todos los géneros de literatura.
6 No quiso vivir en – España/Guatemala/ Francia.
7 Murió en Madrid a los – 70/66/75 años.
8 Sus hijos quieren – dejar sus restos en París/traer sus restos a Guatemala/visitarle en Buenos Aires.

b Escucha otra vez y verifica tus respuestas.

c Imagina que vas a entrevistar a Rigoberta Menchú o a Miguel Angel Asturias. Prepara tu lista de preguntas.

d Escribe unos párrafos sobre su vida. Busca más información en el CD-Rom o en Internet.

Miguel Angel Asturias

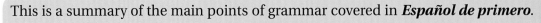

This is a summary of the main points of grammar covered in **Español de primero**.

1 Nouns – *Los sustantivos*	**7** Interrogatives – *Los interrogativos*
2 Adjectives – *Los adjetivos*	**8** Conjunctions – *Las conjunciones*
3 Pronouns – *Los pronombres*	**9** Verbs – *Los verbos*
4 Prepositions – *Las preposiciones*	**10** Numbers – *Los números*
5 Adverbs – *Los adverbios*	**11** Useful expressions –
6 Negatives – *Los negativos*	*Expresiones útiles*

1 Nouns   *Los sustantivos*

Nouns are the words used to name people, animals, places, objects and ideas.

1.1 Masculine and feminine   *Masculino y femenino*

In Spanish all nouns are either masculine or feminine. The word in front of a noun often shows whether it is masculine or feminine.

	masculine	feminine	
a or *an*	un	una	This is called the *indefinite article*.
the	el	la	This is called the *definite article*.

Most nouns ending in **o** are masculine and most ending in **a** are feminine.
un lib**ro**, el colegi**o**
una regl**a**, la histori**a**

Exceptions
el map**a**, el día, el clima
la man**o**, la radio, la foto

Every time you learn a new noun, make sure you know whether it is masculine or feminine.
Don't learn: colegio ✗   Learn: el colegio ✓

1.2 Singular and plural   *Singular y plural*

Singular refers to one of something; plural refers to more than one.

Spanish nouns which end in **o** or **a** just add **-s** to make them plural:
el lib**ro** *(book)* ➔ los libro**s**
la regl**a** *(ruler)* ➔ las regla**s**

Nouns ending in a consonant add **-es**:
el hote**l** ➔ los hotel**es**
el profeso**r** ➔ los profesor**es**

Some add or lose an accent in the plural:
Add: el joven ➔ los j**ó**venes   Lose: el jard**í**n ➔ los jard**i**nes

Words that end in **z** change this to **c** and add **es**:
el lápi**z** ➔ los lápi**c**es

Gramática

Note:
A word which begins with a stressed **a** or **ha** takes **el/un**, but if it is feminine it needs a feminine adjective.
El agua está frí**a**.   Tengo much**a** hambre.

In front of plural nouns, the definite and indefinite articles change:

un → unos   el → los
una → unas   la → las

Tengo **un** perro.   Tengo **unos** perros.
Tengo **una** tortuga.   Tengo **unas** tortugas.
El perro se llama Lisi.   **Los** perros se llaman Lisi y Pocho.
La tortuga se llama Bela.   **Las** tortugas se llaman Tonta y Toña.

	singular	plural
	a/an	*some*
masculine	un	unos
feminine	una	unas
	the	*the*
masculine	el	los
feminine	la	las

1.3   Using the definite and indefinite articles

The article is not used when

- you refer to someone's profession   Soy profesora.   Quiere ser astronauta.

- you say you haven't got something   No tengo hermanos.   No tenemos dinero.

Use the definite article before **señor/señora** when speaking *about* someone, but not when speaking *to* someone:

Lo siento, el señor Ruiz no está.   'Buenos días, señor Ruiz.'

Use the definite article with parts of the body and clothes, with languages (but not after **hablar**, **estudiar** or **saber**), with mountains, seas and rivers, and with certain Latin American countries and towns:

Tengo **la** nariz larga.   Me duele **la** cabeza.

Me pongo **el** uniforme para el colegio pero **los** vaqueros y **una** camiseta en casa.

¡**El** español es fácil!   Estudio francés desde hace dos años.

He visitado **el** Perú y **la** Ciudad de Guatemala.

2 Adjectives   *Los adjetivos*

Adjectives are the words used to describe nouns.

2.1   Making adjectives agree

In English, an adjective always stays the same, whatever it is describing. In Spanish, it changes to 'agree with' (match) the word it is describing, according to whether it is masculine, feminine or plural.
In the singular:

	masculine	feminine	
◆ many adjectives end with the vowels	O	A	Tengo un perro negr**o**.
			Tengo una culebra amarill**a**.
◆ some end with the vowel	E	E	Tengo un loro verd**e**.
			Tengo una culebra verd**e**.
◆ others end with a consonant:	S	S	Tengo un ratón gris y una tortuga gris.
	N	N	Tengo un perro joven y una gata joven.
	L	L	Tengo un loro azul y una culebra azul.

To make an adjective plural, follow the same rule as for nouns.

- ◆ Add **s** to a vowel: unos pájaros rojo**s**   unas tortugas pequeña**s**
- ◆ Add **es** to a consonant: unos ratones gris**es**   unos perros jóven**es**

> **Note:**
> Some adjectives lose their final **o** before a masculine singular noun:
> buen, mal, primer, tercer, ningún, algún
>
> **Grande** becomes **gran** before both masculine and feminine singular nouns.

2.2   Position of adjectives

In English, adjectives always come before the noun: *My **little** sister has a **black** hamster.*

In Spanish, adjectives usually come after the noun: Mi hermana **pequeña** tiene un hámster **negro**.

Sometimes whether an adjective is positioned before or after the noun affects its meaning:
un pobre niño *an unfortunate child*   un niño pobre *a poor (penniless) child*
un gran hombre *a great man*   un hombre grande *a tall man*

2.3   Possessive adjectives   *Los adjetivos posesivos*

Possessive adjectives show who or what something belongs to. They come before the noun and take the place of **un/una/unos/unas** or **el/la/los/las**. Like all adjectives, they agree with the noun they describe.

singular		plural		
masculine	feminine	masculine	feminine	
mi		mis		*my*
tu		tus		*your (familiar)*
su		sus		*his/her/your (formal)*
nuestro	nuestra	nuestros	nuestras	*our*
vuestro	vuestra	vuestros	vuestras	*your (plural familiar)*
su		sus		*their/your (plural formal)*

¿Es mi libro o su libro?   Nuestro colegio es pequeño.   ¿Cuáles son tus asignaturas preferidas?

2.4 Demonstrative adjectives
Los adjetivos demostrativos

Demonstrative adjectives are used to point out an object or person. They agree with the noun they are indicating.

singular		plural		
masculine	feminine	masculine	feminine	
este	esta	estos	estas	*this/these (near the speaker)*
ese	esa	esos	esas	*that/those (near the person spoken to)*
aquel	aquella	aquellos	aquellas	*that/those (further away)*

Note:
The forms **esto** and **eso** refer to general ideas or unknown things:
¿Qué es esto?   ¡Eso es!   ¿Eso es todo?

2.5 Comparative adjectives
Los adjetivos comparativos

Comparative adjectives are used to compare one thing, person or idea with another. To make a comparison use:

más ... que	*more .../-er than*	España es **más** grande **que** Guatemala.
menos ... que	*less ... than*	Hay **menos** gente en Guatemala **que** en España.

Exceptions
bueno/a/os/as ➜ mejor *(sing.)*/mejores *(pl.)*
malo/a/os/as ➜ peor *(sing.)*/peores *(pl.)*

Mi libro es mejor que tu libro pero mis revistas son peores que tus revistas.

When **más** or **menos** is used with a number, **de** is used in place of **que**:
En mi colegio hay **más de** mil estudiantes pero en mi clase hay **menos de** treinta.

To say that one thing is similar to or the same as another, you can use:
el/la mismo/a que   *the same as*
tan ... como   *as ... as*
tanto ... como   *as much ... as*

2.6 Superlative adjectives
Los adjetivos superlativos

Superlative adjectives compare one thing, person or idea with several others. To make a superlative use:

el	más ...	(que)
la	menos ...	(de)
los	mejor(es)	
las	peor(es)	

Este libro es **el más** interesante **que** he leído.
Las películas de terror son **las menos** divertidas (**de** todas).

But if the superlative adjective immediately follows the noun, leave out **el/la/los/las**:
Es el río más largo del mundo.

Note:
De is used for 'in' after a superlative.

3 Pronouns   *Los pronombres*

A pronoun is a word which can be used instead of a noun or name to avoid repetition.

3.1 Subject pronouns   *Los pronombres sujetos*

yo	*I*	nosotros/as	*we*
tú	*you (familiar)*	vosotros/as	*you (plural familiar)*
él	*he, it*	ellos	*they (masculine)*
ella	*she, it*	ellas	*they (feminine)*
usted	*you (formal)*	ustedes	*you (plural formal)*

The subject pronouns are not often used in Spanish, as the verb ending generally indicates the subject. You might use them for emphasis or to avoid ambiguity.

– ¿Cómo te llamas?   – ¿Yo?
– Sí, tú. ¿Cómo te llamas?   – Pues yo me llamo Roberto.

To refer to a group of people with one or more males in it, use the masculine plural form:
– ¿Y ellos cómo se llaman?   – El se llama Josu y ella se llama Belén.

3.2 *Tú* and *usted*, *vosostros/as* and *ustedes*

There are four ways of saying 'you' in Spanish:

	familiar	formal
singular	tú	usted (ud)
plural	vosotros/as	ustedes (uds)

Tú and **vosotros/as** are used when talking to people you know and to other young people. **Usted** and **ustedes** are used to talk to people you do not know well or to whom you want to show respect. They are used much more widely in Latin America than in Spain, where the use of **tú** and **vosotros/as** is generally encouraged.

3.3 Direct object pronouns   *Los pronombres objetos*

Direct object pronouns are used for the person or thing directly affected by the action of the verb.

me	*me*	nos	*us*
te	*you*	os	*you*
le	*him, you (masculine person)*	les	*them, you (masculine people)*
lo	*it (masculine thing)*	los	*them (masculine things)*
la	*her, you, it (feminine person or thing)*	las	*them, you (feminine people or things)*

3.4 Reflexive pronouns   *Los pronombres reflexivos*

These refer back to the subject of the verb.

me	*myself*	nos	*ourselves*
te	*yourself (familiar)*	os	*yourselves (familiar)*
se	*himself/herself/itself/yourself (formal)*	se	*themselves/yourselves (formal)*

They are often not translated into English:

Me levanto a las siete y después me ducho. *I get up at seven and then I have a shower.*

3.5 Position of pronouns

Direct object and reflexive pronouns usually

- ◆ immediately precede the verb   No la veo.   Se llama Lucía.
- ◆ attach to the end of the infinitive   Voy a verla mañana.
                                               Tengo que levantarme temprano.
- ◆ attach to the end of the present participle   Estoy mirándolo ahora.   Está bañándose.

However, it is now widely accepted to put them before the infinitive or present participle.

They are also attached to the end of a positive command:
Ponlo aquí.   Levantaos enseguida.
Póngalo aquí.   Levántense enseguida.

3.6 Demonstrative pronouns   *Los pronombres demostrativos*

Demonstrative pronouns, like demonstrative adjectives, point out an object or person. They agree with the noun they are replacing:

singular		plural		
masculine	feminine	masculine	feminine	
éste	ésta	éstos	éstas	*this/these (near the speaker)*
ése	ésa	ésos	ésas	*that/those (near the person spoken to)*
aquél	aquélla	aquéllos	aquéllas	*that/those (further away)*

– ¿Qué camisa prefieres?   – Creo que ésta es mucho más bonita que ésa.
– Yo prefiero el color de aquélla.

Nowadays a lot of Spanish people do not write accents on these pronouns and the Real Academia has agreed that they are not necessary. You will see them in some newspapers and books because many older people and teachers still feel that they should be used.

3.7 Disjunctive personal pronouns   *Pronombres personales tónicos*

Disjunctive pronouns are used after a preposition (see section **4**):

para	mí
hacia	ti
junto a	él/ella/usted
detrás de	nosotros/as
entre	vosotros/as
cerca de	ellos/ellas/ustedes

Note:
With **con** these forms are used:
conmigo   contigo   consigo

3.8 Relative pronouns   *Pronombres relativos*

The relative pronoun **que** (*who, which* or *that*) cannot be left out of the sentence in Spanish, as it often is in English.
Ese es el vestido que me gusta. *That is the dress (that) I like.*
Señala a la persona que habla. *Point to the person (who is) speaking.*

3.9 Personal 'a'

This is not translated into English, but is used before object pronouns and nouns referring to people.
It is a mark of respect, to distinguish people from objects.

Busco a mi hermano.   Quiero a mis abuelos.   Pregunta a tu profesor.

It is not used after **tener**:   Tengo un hermano y dos primas.

4   Prepositions   *Las preposiciones*

Prepositions are used before nouns and pronouns and usually indicate where a person or object is.
For example:

en	*in*	en el cuarto de baño *in the bathroom*
	on	en la mesa *on the table*
	(sometimes) by	en coche *by car*

Many of the prepositions that indicate position are followed by **de**:

delante de	cerca de	junto a
detrás de	debajo de	entre
al lado de	encima de	sobre
enfrente de		

> **Note:**
> a + el = **al**   Vamos al mercado.   La cama está junto al armario.
> de + el = **del**   Salen del cine a las siete.   Hay una silla delante del escritorio.

Both **por** and **para** are usually translated by 'for' in English, but they have different uses:

Por is used to mean

- 'in exchange for' something   Quiero cambiarla por aquella camisa.
                                 Gana tres mil por hora.

- a period or length of time   Voy a quedarme por un mes.
- cause   – ¿Por qué estás estudiando?
                                 – Porque quiero sacar buenas notas.

Some useful expressions	
por supuesto	*of course*
por eso	*for that reason*
por lo visto	*apparently*

Para is used to show

- who or what something is for   Este regalo es para mi padre.
                                 Tenemos un garaje para dos coches.
- purpose   ¿Para qué es esto? *What's this for?*

5   Adverbs   *Los adverbios*

Adverbs are used to describe the action of a verb. They do not agree with the verb, so unlike adjectives they *do not change.*

Many adverbs are formed by adding **-mente** to an adjective:

fácil → fácilmente   normal → normalmente   posible → posiblemente

If the adjective has a different feminine form, you add **-mente** to this:

lento → lenta + mente = lentamente   Va al colegio lentamente.
rápido → rápida + mente = rápidamente   Vuelva a casa rápidamente.

There are some useful adverbs which do not end in **-mente**:

siempre   a menudo   a veces   nunca
mucho   poco   bien   mal

Bastante and **demasiado** can be both adjectives and adverbs:
Tengo bastantes lápices y demasiados libros.
Roberto escribe bastante pero Arantxa siempre escribe demasiado.

6 Negatives   *Los negativos*

You can make a statement negative in Spanish simply by putting **no** before the verb:
No quiero salir.   No me gusta la historia.

Some other common negative expressions are:

nada	*nothing*
nadie	*nobody*
ni ... ni	*neither ... nor*
ningún, ninguna/os/as	*no (adjective), not any*
ninguno	*none*
nunca or jamás	*never*

If any of these words is used after the verb, you have to use **no** as well. But if the negative word comes before the verb, **no** is not needed:
No he fumado **nunca**.   *but*   **Nunca** he fumado.

7 Interrogatives   *Los interrogativos*

Asking questions in Spanish is straightforward: you simply add question marks at the beginning and end of the sentence, like this: **¿.............?** There is no change to the words themselves or the word order.
Tienes hermanos. *(statement)*   ¿Tienes hermanos? *(question)*

Here are some common question words. Note that they all have accents.

¿Qué?	*What?*	¿Qué haces?
¿Por qué?	*Why?*	
¿Cuándo?	*When?*	¿Cuándo vas a Bilbao?
¿Cómo?	*How?*	
¿Dónde?	*Where?*	¿Dónde está el colegio?
¿Adónde?	*Where to?*	¿Adónde quieres ir el sábado?
¿Quién?/¿Quiénes?	*Who?*	¿Con quién vas?
¿Cuál?/¿Cuáles?	*Which?*	
¿Cuánto/a/os/as?	*How much/many?*	

8 Conjunctions: 'and', 'or'   *Las conjunciones: 'y', 'o'*

Y is always used to mean 'and', unless it is followed by **i-** or **hi-** (but not **hie-**), when it becomes **e**:
Paco e Isabel   geografía e historia   *but:* granito y hierro

O is used to mean 'or', unless it is followed by **o-** or **ho-**, when it becomes **u**:
siete u ocho   albergues u hoteles

9 Verbs
Los verbos

A verb says *what* is happening in a sentence and its tense tells you *when*. This section explains how to form the regular verb patterns and gives examples of irregular verb forms.

9.1 The infinitive
El infinitivo

This is the form you will find when you look a verb up in a dictionary, word list or vocabulary section (see page 202). Spanish regular verbs fall into three groups, according to the last two letters of the infinitive:

-AR	-ER	-IR
estudi**ar** *(to study)*	com**er** *(to eat)*	viv**ir** *(to live)*

The endings of Spanish verbs change according to the tense and the person or thing doing the action, and the group a verb belongs to indicates which endings you should use for each tense and person.

The infinitive itself is often used after another verb. Common verbs usually followed by an infinitive are:

querer *(to want)*	Quiero ver la tele esta noche.
gustar *(to please)*	Me gusta bailar. Me gustaría ir al cine.
poder *(to be able to)*	No puedo salir contigo.
tener que *(to have to)*	Tengo que cocinar.
deber *(to have to, must)*	Debemos hablar en voz baja.

Soler, used only in the present and imperfect tenses, indicates what 'usually' happens:
Suelo levantarme temprano.
– ¿Qué solías hacer cuando eras joven, abuela?   – Solía jugar, como tú.

9.2 The present tense
El tiempo presente

The present tense is used to say what is happening now or happens regularly. To form the present tense of regular verbs:

- take the infinitive
- remove the ending
- and add the following endings:

	estudi**AR**	com**ER**	viv**IR**
	estudi-	com-	viv-
(yo)	estudi**o**	com**o**	viv**o**
(tú)	estudi**as**	com**es**	viv**es**
(él/ella/usted)	estudi**a**	com**e**	viv**e**
(nosotros)	estudi**amos**	com**emos**	viv**imos**
(vosotros)	estudi**áis**	com**éis**	viv**ís**
(ellos/ellas/ustedes)	estudi**an**	com**en**	viv**en**

Reflexive verbs (**verbos pronominales** or **reflexivos**) need a reflexive pronoun (see **3.4**) before the verb. The pronoun changes according to the subject of the verb.

	levantar**se**
(yo)	**me** levanto
(tú)	**te** levantas
(él/ella/usted)	**se** levanta
(nosotros)	**nos** levantamos
(vosotros)	**os** levantáis
(ellos/ellas/ustedes)	**se** levantan

Irregular verbs

The most common ones you will need are:

ser	estar	hacer	ir	tener
soy	estoy	hago	voy	tengo
eres	estás	haces	vas	tienes
es	está	hace	va	tiene
somos	estamos	hacemos	vamos	tenemos
sois	estáis	hacéis	vais	tenéis
son	están	hacen	van	tienen

> **Note:**
> **Hay** (from **haber**) = *there is/there are*

Radical-changing verbs

These change their stem in the 1st, 2nd and 3rd persons singular and the 3rd person plural:

u → ue	jugar → j**ue**go	1
o → ue	poder → p**ue**des	2
e → ie	preferir → pref**ie**re	3
e → i	pedir → p**i**den	6

9.3 The present continuous tense   *El tiempo presente continuo*

The present continuous is used to describe what is happening at the time of speaking or writing. The pattern is similar to English: it is formed with the present tense of the verb **estar** *(to be)* followed by the present participle, **el gerundio**, of the verb of action.

	(trabaj**AR**)	(com**ER**)	(viv**IR**)
estoy	trabaj**ando**	com**iendo**	viv**iendo**
estás			
está			
estamos			
estáis			
están			

Irregular present participles

leer → le**y**endo
dormir → d**u**rmiendo

– ¿Qué estáis haciendo?   – Estamos bailando y escuchando música.

The present participle is also often used with **pasar** to express how you spend time:
– ¿Cómo pasas el tiempo libre?
– Paso el tiempo viendo la tele, haciendo deporte – divirtiéndome.

9.4 The future tense   *El tiempo futuro*

The future tense is used to say what will happen or what someone will do. To form the future of regular verbs, add the following endings to the *infinitive*:

(trabaj**AR**)	(com**ER**)	(escrib**IR**)
trabajar**é**	comer**é**	escribir**é**
trabajar**ás**	comer**ás**	escribir**ás**
trabajar**á**	comer**á**	escribir**á**
trabajar**emos**	comer**emos**	escribir**emos**
trabajar**éis**	comer**éis**	escribir**éis**
trabajar**án**	comer**án**	escribir**án**

Irregular future tenses

These have the same endings as the regular ones; it is the *stem* that changes. Some common irregular future tenses used in this course are:

decir →	diré	querer →	querré
haber →	habré	salir →	saldré
hacer →	haré	tener →	tendré
poder →	podré	venir →	vendré
poner →	pondré		

9.5 The immediate future tense   *El tiempo futuro inmediato*

The immediate future tense is used to say what is *going to* happen in the near future. To form it you use the present tense of the verb **ir** *(to go)* plus **a** and the infinitive of the verb of action.

voy		
vas		estudiar
va	a	comer
vamos		escribir
vais		
van		

Voy a escribir una carta.   ¿A qué hora vas a venir?

9.6 The conditional   *El condicional*

The conditional is used to say what *would, could* or *should* happen. To form the conditional of regular verbs, add the following endings to the *infinitive*:

(trabaj**AR**)	(com**ER**)	(escrib**IR**)
trabajar**ía**	comer**ía**	escribir**ía**
trabajar**ías**	comer**ías**	escribir**ías**
trabajar**ía**	comer**ía**	escribir**ía**
trabajar**íamos**	comer**íamos**	escribir**íamos**
trabajar**íais**	comer**íais**	escribir**íais**
trabajar**ían**	comer**ían**	escribir**ían**

Irregular conditionals
These have the same endings as the regular ones; it is the *stem* that changes. The irregular stems are the same as those for the future tense (see **9.4**).

9.7 The preterite tense   *El tiempo pretérito*

The preterite or simple past tense is used to refer to an action that began and ended in the past.
To form the preterite of regular verbs:

- ◆ take the infinitive
- ◆ remove the ending
- ◆ and add the following endings:

	viaj**AR**	com**ER**	sal**IR**
	viaj-	com-	sal-
(yo)	viaj**é**	com**í**	sal**í**
(tú)	viaj**aste**	com**iste**	sal**iste**
(él/ella/usted)	viaj**ó**	com**ió**	sal**ió**
(nosotros)	viaj**amos**	com**imos**	sal**imos**
(vosotros)	viaj**asteis**	com**isteis**	sal**isteis**
(ellos/ellas/ustedes)	viaj**aron**	com**ieron**	sal**ieron**

Irregular preterites
Here are some common irregular preterites used in this course. Note that they have no accents.

estar	hacer	poder	poner	tener	ver	ir/ser
estuve	hice	pude	puse	tuve	vi	fui
estuviste	hiciste	pudiste	pusiste	tuviste	viste	fuiste
estuvo	hizo	pudo	puso	tuvo	vio	fue
estuvimos	hicimos	pudimos	pusimos	tuvimos	vimos	fuimos
estuvisteis	hicisteis	pudisteis	pusisteis	tuvisteis	visteis	fuisteis
estuvieron	hicieron	pudieron	pusieron	tuvieron	vieron	fueron

> **Note:**
> **Ser** and **ir** have the same form in the preterite, so **fui** can mean 'I went' or 'I was'. The context will make the meaning clear.

Radical-changing verbs and spelling changes

Many radical-changing verbs (see **9.2**) change their stem in the 3rd persons singular and plural:

e → i	vistió, vistieron; sintió, sintieron
o → u	durmió, durmieron

Some verbs change their spelling in the **yo** (1st person singular) form:

c → qu	tocar: toqué	sacar: saqué
g → gu	jugar: jugué	llegar: llegué

9.8   The past continuous tense   *El tiempo pasado continuo*

The past continuous is used to describe what was happening at the time being spoken or written about, or what was happening when another event occurred. It is formed with the imperfect tense of **estar** *(to be)* followed by the present participle, **el gerundio**, of the verb of action:

	(trabaj**AR**)	(com**ER**)	(viv**IR**)
estaba	trabaj**ando**	com**iendo**	viv**iendo**
estabas			
estaba			
estábamos			
estabais			
estaban			

– ¿Qué estabas haciendo?
– Estaba bañándome.

9.9   The imperfect tense   *El tiempo imperfecto*

The imperfect tense is used to describe what something was like in the past, or to talk about what was happening or what used to happen. To form the imperfect of most verbs:

- ◆ take the infinitive
- ◆ remove the ending
- ◆ and add the following endings:

compr**AR**	com**ER**	sub**IR**
compr-	com-	sub-
compr**aba**	com**ía**	sub**ía**
compr**abas**	com**ías**	sub**ías**
compr**aba**	com**ía**	sub**ía**
compr**ábamos**	com**íamos**	sub**íamos**
compr**abais**	com**íais**	sub**íais**
compr**aban**	com**ían**	sub**ían**

Irregular imperfect tenses

Only three verbs are irregular in the imperfect:

ir	ser	ver
iba	era	veía
ibas	eras	veías
iba	era	veía
íbamos	éramos	veíamos
ibais	erais	veíais
iban	eran	veían

9.10   The perfect tense

The perfect tense is used mainly in questions that do not refer to any particular time. (You will find this most useful when speaking.) It is also used to say what *has happened*: to refer to an action that began and ended during a period of time being talked about.

The perfect tense is formed with the present tense of the auxiliary verb **haber** *(to have)* followed by the past participle of the verb of action. With reflexive verbs in the perfect tense, the reflexive pronoun goes before the part of **haber**.

	(comprAR)	(comER)	(subIR)	(ducharse)	
he	comprado	comido	subido	me he	duchado
has				te has	
ha				se ha	
hemos				nos hemos	
habéis				os habéis	
han				se han	

– ¿Qué has hecho?   – No he hecho nada.

Some common irregular past participles

abrir ➔ abierto	morir ➔ muerto	
cubrir ➔ cubierto	poner ➔ puesto	
decir ➔ dicho	romper ➔ roto	
escribir ➔ escrito	ver ➔ visto	
hacer ➔ hecho	volver ➔ vuelto	

Compound verbs have the same irregular past participle as the original verb. So:
descubrir ➔ descubierto

9.11   The imperative
El imperativo

The imperative is used for giving commands and instructions.

	tú	vosotros/as	usted	ustedes
comprAR	compra	comprad	compre	compren
comER	come	comed	coma	coman
subIR	sube	subid	suba	suban

Irregular imperatives in the *tú* form

decir ➔ di
hacer ➔ haz
oír ➔ oye
poner ➔ pon
salir ➔ sal
tener ➔ ten
venir ➔ ven
ver ➔ ve

Note:
Reflexive verbs drop the **d** in the **vosotros** imperative before adding the reflexive pronoun (see **3.4**):
levantad + os = levantaos
sentad + os = sentaos

198   ciento noventa y ocho

9.12   *Ser* and *estar*

Both these verbs mean 'to be', but they are used to indicate different circumstances.

Ser is used to express time and to refer to a permanent situation, quality, character or origin:
Son las cinco en punto.
Es abogado y es muy inteligente.
¡Qué tímido eres!

Estar is used to describe position and refer to a temporary situation, state of health or mood:
Tus libros están encima del piano.
Estás muy guapa hoy.
Estoy aburrida.

It also indicates when a change has taken place:
– ¿Está vivo o está muerto?   – Está muerto.
Mi hermano estaba casado pero ya está divorciado.

9.13   Verbs commonly used in the third person

Some verbs are generally used in the third person only:
doler   encantar   faltar   gustar   interesar

The subject may be singular or plural and is often an idea or an object.
Me gustan las manzanas.   Me interesa mucho esa idea.
Te encanta la música, ¿verdad?   Me duelen los oídos.
Nuestro colegio es pequeño, pero no nos falta nada.

9.14   Impersonal verbs   *El uso impersonal*

Se is often used to indicate the idea of 'one' or 'you/we', used in a general sense (often in notices), and to avoid using the passive in Spanish:
Aquí se habla inglés. *English is spoken here.*
Aquí se vende de todo. *All sorts of things are sold here.*
No se puede bañarse en el mar. *You can't swim in the sea.*

9.15   *Hace* and *desde hace*

Hace and **desde hace** are used to talk about actions that started in the past but continue into the present. They are used with the *present* tense:
– ¿Desde hace cuánto tiempo estudias español?   – Estudio español desde hace un año.
– ¿Cuántos años hace que vives aquí?   – Hace tres años que vivo aquí.

10 Numbers　　　　　　　　　　　　　　　　　　　*Los números*

The number 1, **uno**, and other numbers ending in **uno** or **cientos** agree with the noun they describe. No other numbers agree.
Doscient**os** cincuenta gramos de mantequilla, por favor.
Trescient**as** personas.

Uno changes to **un** before a masculine noun. **Ciento** changes to **cien** before both masculine and feminine nouns, and before **mil** and **millones**:

un litro de leche　　　　　cien gramos de jamón
veintiún niños　　　　　　cien niñas
　　　　　　　　　　　　cien mil dólares
　　　　　　　　　　　　cien millones de habitantes

1	uno/una	11	once	21	veintiuno	31	treinta y uno	500	quinientos/as
2	dos	12	doce	22	veintidós	32	treinta y dos	700	setecientos/as
3	tres	13	trece	23	veintitrés	40	cuarenta	900	novecientos/as
4	cuatro	14	catorce	24	veinticuatro	50	cincuenta	1 000	mil
5	cinco	15	quince	25	veinticinco	60	sesenta	2 000	dos mil
6	seis	16	dieciséis	26	veintiséis	70	setenta	1 000 000	un millón (de)
7	siete	17	diecisiete	27	veintisiete	80	ochenta	2 000 000	dos millones (de)
8	ocho	18	dieciocho	28	veintiocho	90	noventa		
9	nueve	19	diecinueve	29	veintinueve	100	cien(to)		
10	diez	20	veinte	30	treinta	200	doscientos/as		

10.2　Ordinal numbers　　　　　　　　　　*Los números ordinales*

primero	*1st*
segundo	*2nd*
tercero	*3rd*
cuarto	*4th*
quinto	*5th*
sexto	*6th*
sé(p)timo	*7th*
octavo	*8th*
noveno	*9th*
décimo	*10th*

From 11 (eleventh) onwards cardinal numbers are generally used:
Carlos quinto　　*but:* Alfonso doce

Ordinal numbers agree with the noun they describe:
primero/primera/primeros/primeras

Primero changes to **primer** and **tercero** changes to **tercer** before a masculine noun:
Está en el primer piso.
Es el tercer viaje y la tercera vez que perdemos el tren este año.

11 Useful expressions   *Expresiones útiles*

11.1 Days of the week   *Los días de la semana*

These are written with a small letter, except at the beginning of a sentence.

lunes   martes   miércoles   jueves   viernes   sábado   domingo

Some useful expressions

el lunes pasado   la semana pasada
ayer   anteayer   mañana   pasado mañana   el año que viene
en Semana Santa/Navidades
por la mañana/tarde/noche
durante las vacaciones   después de clase   el otro día

11.2 The months of the year   *Los meses del año*

These are not usually written with a capital letter, except at the beginning of a sentence.

enero	febrero	marzo	abril	mayo	junio
julio	agosto	se(p)tiembre	octubre	noviembre	diciembre

In dates, use **el** before the number: Mi cumpleaños es el dos de mayo.

11.3 The time   *La hora*

To talk about time you use the word **hora**.
¿Qué hora es? *What time is it?*
¿A qué hora comienza? *At what time does it start?*

◆ on the hour
Es la una. *It's one o'clock.*
but: **Son** las dos/tres/cuatro etc.
Es el mediodía. *It's midday.*
Es la medianoche. *It's midnight.*

◆ past the hour
Es la una y cinco. *It's five past one.*
Son las tres y cuarto. *It's a quarter past three.*
Son las ocho y veinte. *It's twenty past eight.*
Son las seis y media. *It's half past six.*

◆ to the hour
Es la una menos cinco. *It's five to one.*
Son las cinco menos cuarto. *It's a quarter to five.*
Son las ocho menos veinte. *It's twenty to eight.*

◆ the 24-hour clock
Son las veintidós horas y trece minutos.
   It's 10.13 p.m. (22:13)

◆ approximate/precise times
a eso de las tres *at about three o'clock*
a las seis en punto *at six o'clock on the dot*

11.4 Countries and nationalities   *Los países y las nacionalidades*

país	nacionalidad *(m./f.)*	país	nacionalidad *(m./f.)*
Escocia	escocés/escocesa	España	español/española
el Gales	galés/galesa	Portugal	portugués/portuguesa
Irlanda	irlandés/irlandesa	Francia	francés/francesa
Inglaterra	inglés/inglesa	Alemania	alemán/alemana
Gran Bretaña	británico/a	Guatemala	guatemalteco/a
los Estados Unidos	estadounidense	el Canadá	canadiense

Notice that nationality adjectives ending in **-és** lose the accent and add **a** for the feminine.

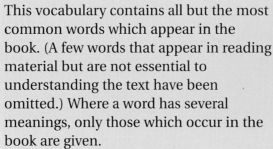

This vocabulary contains all but the most common words which appear in the book. (A few words that appear in reading material but are not essential to understanding the text have been omitted.) Where a word has several meanings, only those which occur in the book are given.

Verbs marked * have stem changes or spelling changes; those marked ** are irregular.

Abbreviations: *m.* = masculine noun; *f.* = feminine noun; *pl.* = plural; *fam.* = familiar, slang.

A

a to
a menudo often
a partir de from
a veces sometimes
abajo below
abecedario *m.* alphabet
abogado *m.* lawyer
abrazo *m.* hug
abrigo *m.* coat
abrir** to open
abuelo/a *m./f.*
  grandfather/
  grandmother
aburrido/a bored;
  boring
acabar to finish
acabar de to have just
aceite (de oliva) *m.*
  (olive) oil
aceituna *f.* olive
acostarse* to go to bed
actor/actriz *m./f.*
  actor/actress
actualmente now,
  currently
adecuado/a appropriate
adelante forward
además besides
adiós goodbye
adivinar to guess
adjuntar to enclose,
  to attach
¿adónde? where to?
afeitarse to shave
afueras *f.pl.* outskirts,
  suburbs
agosto *m.* August
agotado/a exhausted
agradable pleasant
agua *f.* water
agujero *m.* hole
ahora now
ahorrar to save

aire libre *m.* open
  air, fresh air
ajedrez *m.* chess
al lado de beside
albergue juvenil *m.*
  youth hostel
aldea *f.* village, hamlet
alegre happy
alegría happiness
alemán/alemana
  German
Alemania *f.* Germany
alfabeto *m.* alphabet
alfombra *f.* carpet, rug
algo something
algodón *m.* cotton
alguien somebody
algún, alguna some, any
allí over there
alojamiento *m.* lodgings
alojarse to stay, to lodge
alpinismo *m.* climbing,
  mountaineering
alrededor (de) around
alto/a tall, high
alumno/a *m./f.* pupil
ama de casa *f.*
  housewife
amable kind
amarillo/a yellow
ambiente *m.*
  atmosphere,
  environment
ambos/as both
América del Sur *f.*
  South America
amigo/a *m./f.* friend
amigo/a por
  correspondencia *m./f.*
  penfriend
amistad *f.* friendship
anchoa *f.* anchovy
anteayer the day
  before yesterday
antes (de) before

antipático/a unkind
anuncio *m.* advert
añadir to add
aparcamiento *m.*
  car park
apartamento *m.*
  apartment
apellido *m.*
  surname
aquel, aquella that,
  that one
aquí here
árbol *m.* tree
argumento *m.* plot
armario *m.* wardrobe
arreglar to tidy
arriba above
artesanía *f.* craftwork
ascensor *m.* lift
así so, thus
asignatura *f.*
  school subject
aspiradora *f.*
  vacuum cleaner,
  hoover
(de) atrás behind
atún *m.* tuna
aula *f.* classroom
aún still, yet
aun (si) even (if)
aunque although
autobús *m.* bus
autocar *m.* coach
avión *m.* plane
ayer yesterday
ayudar to help
Ayuntamiento *m.*
  town hall
azafato/a *m./f.*
  air steward(ess)
azotea *f.* flat roof
azul blue

B

bacalao *m.* cod

bachillerato *m.*
  sixth-form course
bailar to dance
baile *m.* dance
bajar to go down
bajo below, under
bajo/a short, low
balcón *m.* balcony
banco *m.* bank
bandera *f.* flag
bañarse to bathe,
  to have a bath
baño *m.* bath, bathroom
barato/a cheap
barba *f.* beard
barbilla *f.* chin
barco *m.* boat
barrio *m.* quarter (in
  town), area
bastante enough,
  quite (a lot)
basura *f.* rubbish
basurero *m.*
  refuse collector
batería *f.* drums
bebé *m.* baby
beber to drink
bebida *f.* drink
bello/a beautiful
besar to kiss
biblioteca *f.* library
bicicleta *f.* bicycle
bienvenido/a welcome
bigote *m.* moustache
bilingüe bilingual
billete *m.* ticket;
  bank note
blanco/a white
blusa *f.* blouse
boca *f.* mouth
bocadillo *m.* sandwich;
  speech bubble
bodega *f.* wine cellar
boina *f.* beret
boletín *m.* school report

Vocabulario español–inglés

bolígrafo *m.* biro,
ball-point pen
bolsa *f.* bag
bolsillo *m.* pocket
bombero *m.* fireman
bombones *m.pl.* sweets,
chocolates
bonito/a good-looking,
pretty
borrador *m.* rough copy
bosque *m.* woods, forest
botas *f.pl.* boots
botella *f.* bottle
brazo *m.* arm
brújula *f.* compass
buenísimo/a very good
bueno/a good
bufanda *f.* scarf
buscar◆ to look for
buzón *m.* post box

C

caballero *m.* gentleman
caballo *m.* horse
cabeza *f.* head
cada each
cadena *f.* TV channel
cadena musical *f.*
hi-fi system
cafetería *f.* café
caja *f.* box
calcetines *m.pl.* socks
calculadora *f.* calculator
calendario *m.* calendar
calidad *f.* quality
caliente hot
calle *f.* street
calor *m.* heat
calzar◆ to take (shoe size)
cama *f.* bed
camarero/a *m./f.*
waiter/waitress
cambiar to change
cambio *m.* change,
exchange
camello *m.* camel
camisa *f.* shirt
camiseta *f.* T-shirt
campana *f.* bell
campo *m.* field,
countryside
canción *f.* song
canguro (trabajar de)
to do babysitting
cansado/a tired

cantante *m./f.* singer
cantar to sing
cantidad *f.* quantity
capa *f.* layer
capaz (de) capable (of)
cara *f.* face
¡caramba! goodness!
caramelos *m.pl.* sweets
Caribe *m.* Caribbean
cariñoso/a loving, caring
carne *f.* meat
carnicería *f.* butcher's
carnicero/a *m./f.* butcher
caro/a expensive, dear
carpintero *m.* carpenter
carrera *f.* career
carta *f.* letter
cartero *m.* postman
casa *f.* house
casado/a married
caserío *m.*
Basque farmhouse
casete *f.* (audio) cassette
casete *m.* cassette player
casi almost
castaño/a chestnut brown
castellano/a Spanish,
Castilian
Castilla *f.* Castille
castigar◆ to punish
Cataluña *f.* Catalonia
catedral *f.* cathedral
(a) causa de because of
cazar◆ *f.* to hunt
cebolla *f.* onion
ceja *f.* eyebrow
cena *f.* supper
cenar to have supper
centro *m.* centre
centro comercial *m.*
shopping centre
cerca (de) near
cero *m.* zero
cerrar◆ to close
cerveza *f.* beer
cesta *f.* basket
chalet *m.* detached house
champiñones *m.pl.*
mushrooms
chanclas *f.pl.* flip-flops
chándal *m.* tracksuit
chaqueta *f.* jacket
charcutería *f.* delicatessen
charlar to chat
chico/a *m./f.* boy/girl

chorizo *m.*
spicy pork sausage
chubasco *m.* downpour,
shower
chuleta *f.* chop
churros *m.pl.* fritters
cielo *m.* sky
cien(to) one hundred
ciencia *f.* science
ciencia ficción *f.*
science fiction
cierto/a certain
cine *m.* cinema
cinturón *m.* belt
cita *f.* appointment, date
ciudad *f.* city, town
claro/a clear; of course
clase *f.* class, classroom
clave key
cliente/a *m./f.* client,
customer
coche *m.* car
cocina *f.* kitchen
cocinero/a *m./f.* chef, cook
código *m.* code
coger◆ to catch, to grab
cojín *m.* cushion
cola *f.* queue, tail
colegio *m.* school
colina *f.* hill
colocar◆ to place, to put
colocarse◆ to be placed
comedor *m.* dining room,
canteen
comenzar◆ to begin,
to start
comer to eat
comercio *m.* business,
commerce
comestibles *m.pl.* food,
groceries
comida *f.* food, meal,
lunch
como as, like
¿cómo? how?
cómodo/a comfortable
compañero/a *m./f.*
colleague, classmate,
partner
compartir to share
comprar to buy
comprobar◆ to check
con with
concurso *m.* competition
conejo *m.* rabbit

conocer◆◆ to know,
to meet
conseguir◆ to win, to get
contaminación *f.*
pollution
contar◆ to count
contestar to reply,
to answer
contra against
contrarreloj
against the clock
convertirse◆ **(en)**
to change (into)
copiar to copy
corazón *m.* heart
corbata *f.* tie
correcto/a correct, right
corregir◆ to correct
correo electrónico *m.*
email
Correos *m.*
main post office
correr to run
corrida *f.* bullfight
cortar to cut (down)
corto/a short
cosa *f.* thing
costa *f.* coast
costar◆ to cost
costumbre *f.* custom, habit
creer◆ to believe
cristal *m.* glass
cruzar◆ to cross
cuaderno *m.* exercise book
cuadrado/a square
¿cuál? which (of several)?
¿cuándo? when?
¿cuánto/a? how much?
cuarto *m.* room; fourth,
quarter
cubrir◆◆ to cover
cuello *m.* neck
cuenta *f.* bill, account
cuero *m.* leather
cuerpo *m.* body
cueva *f.* cave
¡cuidado! be careful!
culebra *f.* snake
culebrón *m.* soap opera
cultivar to grow,
to cultivate
cumpleaños *m.* birthday
cumplir (años) to have
one's birthday
curso *m.* course, year

D

dar♦♦ to give
darse♦♦ **cuenta (de)** to realize
datos *m.pl.* data, details
de acuerdo agreed, OK
debajo de underneath
deber to owe; to have to, must
deberes *m.pl.* homework
decepcionado/a disappointed
decir♦♦ to say
dedo *m.* finger
dedo gordo *m.* big toe
dedo pulgar *m.* thumb
deficiente inadequate
deforestación *f.* deforestation
dejar to leave
delante (de) in front (of)
deletrear to spell out
delgado/a thin, slim
demás the other, the rest
demasiado too
demasiado/a too much, too many
dentista *m./f.* dentist
dentro (de) inside, within
dependiente *m./f.* shop assistant
deporte *m.* sport
deprimido/a depressed
derecha *f.* right
(todo) derecho straight on
desayunar to have breakfast
desconocido/a unknown
describir♦♦ to describe
desde (hace) since
despedirse♦ **(de)** to say goodbye (to)
despertar(se)♦ to wake up
después after(wards)
desván *m.* attic
detalle *m.* detail
detrás (de) behind
día *m.* day
día de los Muertos *m.* Day of the Dead
diario/a daily
dibujar to draw, to sketch
dibujo *m.* drawing
dibujos animados *m.pl.* (animated) cartoons

diccionario *m.* dictionary
diciembre *m.* December
diente *m.* tooth
difícil difficult
¿díga?/¿dígame? hello? (on phone)
dinero *m.* money
Dios *m.* God
dirección *f.* address
director(a) *m./f.* head teacher
divertido/a amusing
divertirse♦ to enjoy oneself
doler♦ to hurt
dolor *m.* pain
domingo *m.* Sunday
¿dónde? where?
dormir♦ to sleep
droguería *f.* chemist's
ducha *f.* shower
dulce sweet, kind
duro/a hard

E

e and
edad *f.* age
edificio *m.* building
EE.UU. *m.pl.* USA
egoísta selfish
ejemplo *m.* example
ejercicio *m.* exercise
él he, him
electrodomésticos *m.pl.* domestic appliances
elefante *m.* elephant
elegante elegant
ella she, her
emocionante exciting, moving
emoticón *m.* 'smiley'
empezar♦ to start, to begin
empleado/a *m./f.* employee
empleo *m.* employment, job
(me) encanta I love it, I like it a lot
encantar (a) to delight
encima (de) on top (of)
encontrar♦ to find
encontrarse♦ **(con)** to meet
encuesta *f.* survey
enero *m.* January
enfermero/a *m./f.* nurse

enfermo/a *m./f.* sick person, invalid
enfrente (de) in front (of), opposite
enorme enormous, huge
ensalada *f.* salad
eseguida straight away
enseñar to teach
entender♦ to understand
entonces then
entrada *f.* entrance; theatre/cinema ticket
entre between
entrevista *f.* interview
enviar to send
época *f.* period of time, season, age
equipo *m.* team
escalada *f.* climbing
escocés/escocesa Scottish
Escocia *f.* Scotland
escribir♦♦ to write
escritorio *m.* desk
escuchar to listen (to)
escuela *f.* school
ese/a that, that one
esforzarse♦ to make an effort
esfuerzo *m.* effort
E.S.O. (Educación Secundaria Obligatoria) *f.* compulsory secondary education
espalda *f.* back
España *f.* Spain
español(a) Spanish
espectáculo *m.* show
espejo *m.* mirror
espeleología *f.* potholing
esperar to wait (for), to hope
estación *f.* station; season of year
estadio *m.* stadium
Estados Unidos *m.pl.* United States of America
estanco *m.* tobacconist's
estantería *f.* bookshelf
estar♦♦ to be
este *m.* east
este/a this, this one
estómago *m.* stomach
estrecho/a tight, narrow
estrella *f.* star
estresado/a stressed

estuche *m.* pencil case
estudiar to study
Europa *f.* Europe
evaluación *f.* assessment
éxito *m.* success
extranjero *m.* abroad
extrovertido/a extrovert

F

fácil easy
falda *f.* skirt
falta *f.* lack
faltar to miss; to be missing
farmacia *f.* chemist's
fascinar to fascinate
fatal *fam.* awful, rotten
febrero *m.* February
fecha *f.* date
feliz happy
fenomenal fantastic
feo/a ugly
ficha *f.* card, form
fiebre *f.* fever, temperature
fiesta *f.* party, festival
filete *m.* steak
fin de semana *m.* weekend
finca *f.* farm
física *f.* physics
flor *f.* flower
florero *m.* vase
floristería *f.* flower shop
folleto *m.* brochure
fondo *m.* bottom
formulario *m.* form (to fill in)
frambuesa *f.* raspberry
francés/francesa French
Francia *f.* France
frase *f.* sentence; phrase
fregar♦ to wash up
frente *f.* forehead
fresa *f.* strawberry
frijoles volteados *m.pl.* fried beans
frío *m.* cold
frío/a cold
frutería *f.* fruit stall, greengrocer's
fuegos artificiales *m.pl.* fireworks
fuera (de) outside
fuerte strong
fumar to smoke
furioso/a furious

G

gafas (de sol) *f.pl.* (sun)glasses
Gales *m.* Wales
galés/galesa Welsh
galleta *f.* biscuit
gambas *f.pl.* prawns
ganar to win, to earn
ganarse la vida to earn a living
ganga *f.* bargain
garganta *f.* throat
gastar to spend, to waste
gato/a *m./f.* cat
gemelo/a *m./f.* twin
gente *f.* people
golosinas *f.pl.* sweets
goma *f.* rubber, eraser
gordo/a fat
gorrito *m.* little cap, bonnet
gorro *m.* cap, hat
grabar to record
gracioso/a funny, amusing
Gran Bretaña *f.* Great Britain
grande large, big
grandes almacenes *m.pl.* department store
granizo *m.* hail
granja *f.* farm
grave serious
Grecia *f.* Greece
griego/a Greek
gris grey
grito *m.* cry, scream
guantes *m.pl.* gloves
guapo/a handsome, attractive
guatemalteco/a Guatemalan
guerra *f.* war
guerrillero *m.* freedom fighter
guía *m./f.* guide
guitarra *f.* guitar
(me) gusta I like it
gustar (a) to please

H

haber◆◆ to have (auxiliary verb)
habitación *f.* (bed)room
hablador(a) talkative
hablar to speak

hacer◆◆ to do, to make
hacer◆◆ **falta** to be needed/lacking
hacia towards
hambre *f.* hunger
hámster *m.* hamster
¡hasta luego! see you later!
hay there is, there are
haz do
heladería *f.* ice cream parlour
helado *m.* ice cream
hermano/a *m./f.* brother/sister
hermoso/a pretty, beautiful
hielo *m.* ice
hierro *m.* iron
hijo/a *m./f.* son/daughter
hogar *m.* home
¡hola! hello!
hombre *m.* man
hora *f.* hour, time
horario *m.* timetable
hoy today
hueco *m.* gap

I

idioma *m.* language
iglesia *f.* church
igual equal, the same
imitar to imitate
impaciente impatient
impermeable *m.* raincoat
inalámbrico/a cordless
incluso even
incómodo/a uncomfortable
increíble incredible
indígeno/a native, indigenous
informática *f.* information technology
ingeniero/a *m./f.* engineer
Inglaterra *f.* England
inglés/inglesa English
instituto *m.* institute, secondary school
insuficiente poor (mark)
inútil useless
invierno *m.* winter
ir◆◆ to go
Irlanda *f.* Ireland
irlandés/irlandesa Irish
irse◆◆ to go away

isla *f.* island
itinerario *m.* journey, itinerary
izquierda *f.* left

J

jamás never, ever
jamón *m.* ham
jardín *m.* garden
jaula *f.* cage
joven young
joya *f.* jewel
joyería *f.* jeweller's
judías (verdes) *f.pl.* (green) beans
juego *m.* game
jueves *m.* Thursday
jugar◆ **(a)** to play
julio *m.* July
junio *m.* June
junto a next to
juntos/as together, side by side
justo/a just, fair

K

kilómetro *m.* kilometre

L

labio *m.* lip
lado *m.* side
lago *m.* lake
lámpara *f.* lamp
lana *f.* wool
lápiz *m.* pencil
largo/a long
lástima *f.* pity
lata *f.* tin
lavadora *f.* washing machine
lavar(se) to wash
leche *f.* milk
leer◆ to read
legumbres *m.pl.* vegetables
lejos (de) far (from)
lengua *f.* tongue, language
lenguaje *m.* (study of) language
letra *f.* letter (of alphabet), handwriting
letrero *m.* sign
levantarse to get up
libra esterlina *f.* pound (sterling)

libre free
librería *f.* bookshop
libro *m.* book, text book
limón *m.* lemon
limpiar to clean
liso/a straight, smooth
listo/a ready
llama *f.* llama
llamar to call
llamar(se) to be called
llave *f.* key
llegar◆ to arrive
llenar to fill up
llevar to wear, to carry
llevarse bien/mal (con) to get on well/badly (with)
llorar to cry
llover◆ to rain
lluvia *f.* rain
lo siento I'm sorry
loco/a mad
Londres *m.* London
loro *m.* parrot
luego then, next
lugar *m.* place
luna *f.* moon
lunes *m.* Monday
luz *f.* light

M

madera *f.* wood
madre *f.* mother
malísimo/a very bad
malo/a bad, wicked
manchar to stain
mandar to send
manera *f.* manner, way
mano *f.* hand
mantequilla *f.* butter
manzana *f.* apple
mañana tomorrow
mañana *f.* morning
mapa *m.* map
mar *m./f.* sea
marcar◆ to dial
marido *m.* husband
marisco *m.* seafood
marrón brown
martes *m.* Tuesday
marzo *m.* March
más more
máscara *f.* mask
maya Mayan
mayo *m.* May
mayor greater, elder

mecánico/a *m./f.*
   mechanic
medianoche *f.* midnight
medias *f.pl.* stockings,
   tights
médico *m./f.* doctor
medio ambiente *m.*
   environment
mediodía *m.* midday
Méjico *m.* Mexico
mejor better
melocotón *m.* peach
menor lesser, younger
menos less, minus
mensaje *m.* message
mensualmente monthly
mentira *f.* lie, false
mercado *m.* market
merluza *f.* hake
mes *m.* month
mesa *f.* table
mesita *f.* bedside table
meta *f.* goal, aim
meter to put
México *m.* Mexico
mi my
mí me
miedo *m.* fear
miembro *m.* member
mientras meanwhile,
   whilst
miércoles *m.* Wednesday
mil a thousand
milenio *m.* millennium
millón *m.* million
mirar to look (at)
mismo/a same
mitad *f.* half
mochila *f.* school bag
moda *f.* fashion
moneda *f.* coin, currency
monedero *m.* purse
montaña *f.* mountain
montar a caballo
   to go horse riding
morado/a purple
moreno/a dark-skinned,
   dark-haired
morir◆◆ to die
mostaza *f.* mustard
mostrar◆ to show
moto *f.* motorbike
mucho/a much, a lot (of)
muebles *m.pl.* furniture
muerto/a dead

mujer *f.* woman
multicolor
   multicoloured
mundo *m.* world
museo *m.* museum
música *f.* music
músico *m.* musician
muy very

N

nacer◆◆ to be born
nada nothing
nadar to swim
nadie nobody, no one
naranja *f.* orange
nariz *f.* nose
natación *f.* swimming
navegar por Internet
   to surf the Net
negocios *m.pl.* business
negro/a black
nervioso/a nervous
nevar◆ to snow
nevera *f.* fridge
ni ... ni ... neither ... nor
niebla *f.* fog
nieto/a *m./f.* grandson/
   granddaughter
nieve *f.* snow
ningún, ninguna no, none
niño/a *m./f.* child
noche *f.* night
nombre *m.* name
noreste *m.* north-east
normas *f.pl.*
   code of conduct
noroeste *m.* north-west
norte *m.* north
nosotros we, us
nota *f.* result, mark
notable very good
noticias *f.pl.* news
novecientos/as
   nine hundred
noveno/a ninth
noviembre *m.* November
novio/a *m./f.*
   boy/girlfriend
nube *f.* cloud
nublado/a cloudy
nuestro/a our
nuevo/a new
número *m.* number;
   shoe size
nunca never

O

o or
obra *f.* work (of art)
octavo/a eighth
octubre *m.* October
ocupado/a busy, occupied
odiar to hate
oeste *m.* west
oferta *f.* special offer
oficina *f.* office
oído *m.* ear, hearing
oír◆◆ to hear
ojo *m.* eye
¡ojo! watch out!
olor *m.* smell
ondulado/a wavy
opinar (de) to think (of)
opuesto/a opposite
orden *m.* order
ordenador *m.* computer
oreja *f.* ear
orgulloso/a proud
orilla *f.* shore, river bank
ortografía *f.* spelling
oscuro/a dark
otoño *m.* autumn
otro/a other, another
ozono *m.* ozone

P

paciente patient
padre *m.* father
padres *m.pl.* parents
pagar◆ to pay
página *f.* page
país *m.* country
País Vasco *m.*
   Basque Country
paisaje *m.* countryside,
   landscape
pájaro *m.* bird
palabra *f.* word
pan *m.* bread
panadería *f.* baker's
pantalón *m.*, **pantalones**
   m.pl. trousers
pañal *m.* nappy
papel *m.* paper; role
papelería *f.* stationer's
paquete *m.* parcel
para for, in order to
parada *f.* stop
paraguas *m.* umbrella
parapente *m.* hang gliding
parar(se) to stop

parecerse◆◆ **a** to look like
parecido/a similar
pared *f.* wall
pariente *m./f.* relation,
   relative
paro *m.* unemployment
parque *m.* park
parque de atracciones *m.*
   funfair
parte *f.* part
partido *m.* match
pasado mañana
   the day after tomorrow
pasarlo bien/bomba/mal
   to have a good/great/bad
   time
pasatiempo *m.* hobby,
   pastime
pasearse to go for a walk
paseo *m.* walk, stroll
pasillo *m.* passage,
   corridor
pasta de dientes *f.*
   toothpaste
pastelería *f.* cake shop
patatas fritas *f.pl.* chips,
   crisps
patinar to skate
patio *m.* courtyard, patio
paz *f.* peace
pececito *m.* goldfish
pedazo *m.* piece, slice
pedir◆ to ask for
pegamento *m.* glue
peinarse
   to do/comb one's hair
película *f.* film
peligro *m.* danger
pelo *m.* hair
pelota *f.* ball
peluquero/a *m./f.*
   hairdresser
pensar◆ **(en)**
   to think (about)
pensión *f.* guest house
peor worse
pequeño/a small
perder◆ to lose
perezoso/a lazy
perfumería *f.*
   perfume shop
periódico *m.* newspaper
periodista *m./f.* journalist
permitir to allow,
   to permit

pero but
perro *m.* dog
personaje *m.* famous person
pesar to weigh
pesca *f.* fishing
pescadería *f.* fishmonger's
pescado *m.* fish
pescador *m.* fisherman
pez *m.* fish
picante spicy
pie *m.* foot
piedra *f.* stone
pierna *f.* leg
piloto *m.* pilot
pimiento *m.* (sweet) pepper
piragüismo *m.* canoeing
Pirineos *m.pl.* Pyrenees
piscina *f.* swimming pool
piso *m.* floor, storey; flat
planchar to iron
planta (baja) *f.* (ground) floor
plantar to plant
plátano *m.* banana, plantain
playa *f.* beach
plaza *f.* square
plumas *f.pl.* feathers
pobre poor, unfortunate
poco/a few, little
poder♦♦ to be able
policía *m.* policeman
polideportivo *m.* sports centre
pollo *m.* chicken
poner♦♦ to put, to put on (film)
ponerse♦♦ to put on (clothes), to wear
por for, on behalf of
por la mañana/tarde in the morning/afternoon
¿por qué? why?
por supuesto of course
porque because
postal *f.* postcard
póster *m.* poster
precio *m.* price
prefijo *m.* dialling code
preguntar to ask (a question)
premio *m.* prize
prestar to lend

primavera *f.* spring
primero/a first
primo/a *m./f.* cousin
principio *m.* beginning; principle
probar♦ to try (on)
problema *m.* problem
profe *m./f. fam.* teacher
profesor(a) *m./f.* teacher
prohibido/a forbidden
pronóstico *m.* forecast
pronto/a ready; early
propio/a own
proteger♦ to protect
próximo/a next, close
pueblo *m.* village
puerta *f.* door
puerto *m.* port
pues well, then

Q

que which, that, who
¿qué? what?
que aproveche enjoy your meal
¿qué tal? how are you?
quedar (a) to fit
quedar (con) to meet
quedar(se) to stay, to remain
querer♦♦ to want, to love
querer♦♦ **decir** to mean
querido/a dear
queso *m.* cheese
quiché *m.* Guatemalan language
¿quién? who?
química *f.* chemistry
quince días *m.pl.* fortnight
quinientos/as five hundred
quinto/a fifth
quiosco *m.* kiosk, news stand
quisiera I wish, I would like
quitar el polvo (a) to dust
quitar(se) to take away, to take off
quizá(s) perhaps

R

ración *f.* portion
(al) rape close-shaven, very short (hair)

rápido/a fast, rapid
ratón *m.* mouse
ratos libres *m.pl.* free moments
razón *f.* reason
realizar♦ to realize, to fulfil
rebaja *f.* reduction
recibir to receive
recoger♦ to collect, to tidy up
recomendación *f.* recommendation
recordar(se)♦ to remember
recreo *m.* break time
recto/a straight
recuerdo *m.* souvenir
refresco *m.* soft drink
regalo *m.* present
regla *f.* ruler
regresar to go back, to return
reina *f.* queen
Reino Unido *m.* United Kingdom
rellenar to fill in (form)
reloj *m.* watch
repetir♦ to repeat
reservado/a shy, reserved
reservar to reserve, to book
respuesta *f.* answer, reply
revista *f.* magazine
rey *m.* king
rico/a rich
riesgo *m.* risk
rincón *m.* corner
río *m.* river
rizado/a curly
rojo/a red
romper♦♦ to break
ropa *f.* clothes
rosa pink
roto/a broken
rotulador *m.* felt-tip pen
rubio/a fair-haired, blond, fair-skinned
ruido *m.* noise
ruta *f.* route
rutina *f.* routine

S

sábado *m.* Saturday
saber♦♦ to know
sabor *m.* taste, flavour

sacapuntas *m.* pencil sharpener
sacar♦ to take out
sal *f.* salt
sala *f.* (sitting) room
salida *f.* exit, way out
salir♦♦ to go out
salsa *f.* salsa (dance); sauce
salud *f.* health
saludar to greet, to say hello to
saludos *m.pl.* greetings
sandalias *f.pl.* sandals
sardina *f.* sardine
seco/a dry
secretario/a *m./f.* secretary
seda *f.* silk
(en) seguida immediately
seguir♦ to follow
según according to
segundo/a second
sello *m.* stamp
selva *f.* forest, jungle
semana *f.* week
Semana Santa *f.* Holy Week
semanalmente weekly
sembrar to sow
sencillo/a simple
sentarse♦ to sit (down)
sentir(se)♦ to feel
señalar to point, to signal
señor *m.* Mr; man
señora *f.* Mrs; woman
señorita *f.* Miss
se(p)tiembre *m.* September
sé(p)timo/a seventh
sequía *f.* dry period, drought
ser♦♦ to be
serio/a serious
servicios *m.pl.* public toilets
setecientos/as seven hundred
sexto/a sixth
si if
sí yes
sidra *f.* cider
siempre always
(lo) siento I'm sorry
sierra *f.* mountain range
significar to mean
siguiente following, next

silencio *m.* silence
silla *f.* chair
sillón *m.* armchair
simpático/a kind, nice
sin without
sin embargo nevertheless, however
sincero/a sincere, kind
sino but
sitio *m.* site, place
sobre on
sobre *m.* envelope
sobresaliente excellent
sobrino/a *m./f.* nephew/niece
sociable sociable, friendly
socorro *m.* help
sol *m.* sun
solamente only
soler♦ to be used to (doing), to (do) usually
solo/a alone; black (coffee)
sólo only
soltero/a unmarried, single
sonrisa *f.* smile
sorprender to surprise
sorpresa *f.* surprise
soso/a dull
sótano *m.* basement
su his, her, its, their, your (formal)
subir to go up; to climb
subrayar to underline
sucio/a dirty
sudadera *f.* sweatshirt
suelo *m.* ground
suerte *f.* luck
supermercado *m.* supermarket
sur *m.* south
sureste *m.* south-east
suroeste *m.* south-west

T

tablao flamenco *m.* flamenco show
tal vez perhaps
talla *f.* size
también also, as well
tan (... como) so, as (... as)
tanto so much, as much
tapas *f.pl.* snacks
taquilla *f.* ticket office
tarde late

tarde *f.* afternoon
tarea *f.* task
tarifa *f.* tariff, price list
tarjeta *f.* card
tarta *f.* cake
taza *f.* cup
teatro *m.* theatre
tebeo *m.* comic book
tejado *m.* roof
tela *f.* fabric
telaraña *f.* spider diagram
teléfono *m.* phone
temprano early
tener♦♦ to have, to hold
tener♦♦ **ganas** to feel like it
tercero/a third
terminar to finish
terraza *f.* terrace
tiburón *m.* shark
tiempo *m.* weather; time
tiempo libre *m.* free time
tienda *f.* shop
tierra *f.* land
tijeras *f.pl.* scissors
tímido/a shy, timid
tío/a *m./f.* uncle/aunt
tirar to spill, to throw
toalla *f.* towel
tobillo *m.* ankle
tocar♦ to touch, to play (instrument)
todavía still, yet
todo/a all
tomar to take
tonto/a silly, stupid
tormenta *f.* storm
toro *m.* bull
torpe clumsy
tortilla *f.* omelette
tortuga *f.* tortoise
trabajador(a) hardworking
trabajar to work
traducir♦♦ to translate
traer♦♦ to bring
traje *m.* suit, costume
tranquilo/a quiet, calm
tratar (de) to try (to)
tratar(se) de to be about
travieso/a naughty
trigo *m.* wheat
triste sad
trozo *m.* piece, slice
trucha *f.* trout
tu your
tú you

turrón *m.* nougat
tutoría *f.* study period

U

último/a last
único/a unique, only
Unión Europea *f.* European Union
urbano/a urban
usar to use; to take (clothes size)
usted you (formal)
útil useful
utilizar to use
uva *f.* grape(s)

V

vacaciones *f.pl.* holiday(s)
vago/a lazybones
¡vale! fine!, OK!
valer♦♦ to be worth
valle *m.* valley
vaqueros *m.pl.* jeans
varios/as various
vasco/a Basque
vaso *m.* glass
vecino/a *m./f.* neighbour
vela *f.* sailing
vender to sell
venir♦♦ to come
ventaja *f.* advantage
ventana *f.* window
ver♦♦ to see, to watch (TV)
verano *m.* summer
verdad *f.* truth, true
verde green
verdulería *f.* greengrocer's
verduras *f.pl.* greens, vegetables
vestido *m.* dress, suit
vestir(se)♦ to dress
veterinario/a *m./f.* vet
vez *f.* time, occasion
viajar to travel
vida *f.* life
videojuego *m.* video game
viejo/a old
viento *m.* wind
viernes *m.* Friday
vino *m.* wine
vista *f.* view
vivir to live
Vizcaya *f.* Biscay
volar♦ to fly
volcán *m.* volcano

volver♦♦ to return
vosotros/as you (plural)
voz *f.* voice
(en) voz alta aloud, out loud
vuestro/a your (plural)

Y

y and
ya already, now
yo I

Z

zanahoria *f.* carrot
zapatería *f.* shoe shop
zapatillas *f.pl.* trainers
zapatos *m.pl.* shoes
zarzuela *f.* Spanish operetta
zuecos *m.pl.* clogs
zumo (de fruta) *m.* (fruit) juice